大学生心理健康"5G"体验式教程

主　编　顾定红　徐宏俊　周小云
副主编　张家伟　戴国梅　管清华
参　编：

吴静梅　杨智勇　陆晓娟　孙　蕾　魏开伟
陈　芬　范怡雯　孙依晨　魏　伟　袁高丽
杨建国　朱　建　曹加文　陈建隆　弋秋蓉

北京理工大学出版社
BEIJING INSTITUTE OF TECHNOLOGY PRESS

版权专有 侵权必究

图书在版编目（CIP）数据

大学生心理健康"5G"体验式教程/顾定红，徐宏俊，周小云主编．—北京：北京理工大学出版社，2019.4（2022.10重印）

ISBN 978-7-5682-6848-6

Ⅰ.①大… Ⅱ.①顾… ②徐… ③周… Ⅲ.①大学生－心理健康－健康教育－教材 Ⅳ.①G444

中国版本图书馆CIP数据核字（2019）第049213号

出版发行 / 北京理工大学出版社有限责任公司
社　　址 / 北京市海淀区中关村南大街5号
邮　　编 / 100081
电　　话 / （010）68914775（总编室）
　　　　　（010）82562903（教材售后服务热线）
　　　　　（010）68944723（其他图书服务热线）
网　　址 / http：//www.bitpress.com.cn
经　　销 / 全国各地新华书店
印　　刷 / 涿州市新华印刷有限公司
开　　本 / 787毫米×1092毫米　1/16
印　　张 / 11.25　　　　　　　　　　　　　　　　责任编辑 / 李慧智
字　　数 / 265千字　　　　　　　　　　　　　　　文案编辑 / 李慧智
版　　次 / 2019年4月第1版　2022年10月第5次印刷　责任校对 / 周瑞红
定　　价 / 35.00元　　　　　　　　　　　　　　　责任印制 / 施胜娟

图书出现印装质量问题，请拨打售后服务热线，本社负责调换

序

法国作家雨果说过"世界上最宽广的是海洋，比海洋更宽广的是天空，比天空更宽广的是人的心灵。"心理健康是人类灵魂的健康，是人生活力和动力的基础。对于一个在校大学生来说，拥有积极健康向上的心态，是高质量完成大学学业的保证。健康心态好比心中的太阳，它能给你以光明、温暖、希望、勇气和力量。

在这样的背景下，硅湖职业技术学院组织编写了这本《大学生心理健康"5G"体验式教程》，一方面传递心理健康的知识，另一方面着力塑造大学生的品质。

通读全书，我感到本书有以下特点：

第一，它将积极心理学的健康理念贯穿于每个章节，这正如塞利格曼所言："当一个国家或民族被饥饿和战争所困扰的时候，社会科学和心理学的任务主要是抵御和治疗创伤；但在没有社会混乱的和平时期，致力于使人们生活得更美好则成为它们的主要使命。"我国高校心理健康教育，经历了由关注大学生心理障碍和心理危机的障碍咨询，到关注如何增进大学生的正面体验、积极品质的发展教育的转变。本书正是在这种理念的指导下，将目光投向学生的积极心理品质，以成长为核心，注重提升自我教育与自我完善的能力，令人读来备受启发。

第二，本书注重学生的积极参与和情感共鸣，采用"5G"（感性导言、感人案例、感动体验、感悟分享、感奋践行）的形式，将心理学的理论和方法应用于大学生心理生活的层面，以实现知识向能力的转化。在这当中，教师与学生均积极参与，并使学生成为各种活动的"主角"，从而到达"晓之以理""动之以情"和"导之以行"的完美结合。

第三，本书在编排的形式上，充分考虑到学校的特色和读者的阅读兴趣，以看得见的案例为导入，从一定程度上拉近了学生和教学内容之间的距离。

总之，健康快乐是心理健康教育的目的，也是大学生健康成长的目标。我分享本书作者们对广大学生的美好祝愿，并深切希望本书能受到同学们的喜爱。

是为序。

中华医学会心身医学分会候任主任委员
东南大学附属中大医院心身医学科医师
博士生导师

前 言

加强和改进大学生心理健康教育是全面落实教育规划纲要、促进学生健康成长、培养造就高级专门人才的重要途径，是全面贯彻党的教育方针、建设人力资源强国的重要举措，是全面提高高等教育质量、加强和改进大学生思想政治教育的重要任务。本着这一指导思想，我们在对以往探索大学生心理健康教育课程教学改革的基础上，全面推进深化"5G"体验式教学模式的改革。

本书作为新时代大学生发展核心素养创新教材丛书之一，特别注重学生的全面发展，着力于学生的心理健康和人格的健全。教材内容全面贯彻党的十九大精神，并本着进教材、进课堂、进头脑的"三进"方针，我们将社会主义核心价值观等党的最新理论成果从心理学的层面融入教材之中、课堂之中，以帮助大学生成为一个高尚的人，坚定"四个自信"，放飞青春梦想。

大学生心理健康"5G"体验式教程旨在使学生明确心理健康的标准及意义，增强自我心理保健意识和心理危机预防意识，掌握并应用心理健康知识，培养自我认知能力、人际沟通能力、自我调节能力，切实提高心理素质，促进学生可持续全面发展。

本书汲取了中国传统文化的精髓，同时也借鉴了国内外成功的教育培训经验和拓展技能，历经了八年多的理论研究和实践探索的积淀。教程按照"做—悟—思—行"的体验式教学模式进行组织编写，每个章节分为五个教学环节：感性导言、感人案例、感动体验、感悟分享、感奋践行。

全书共有八个章节，八个不同的体验活动，教师可根据不同需要选择不同的章节进行教学。课堂教学以学生为主体，通过创设教学情境和活动吸引学生积极参加，通过团队学习促发学生产生较为强烈的情感体验，经过分享交流获得正确认知，提升心智，自觉行动，将知识通过学生亲历的体验转化成智慧。

本书在编写过程中参阅了大量的文献资料，得到了史宝凤董事长和校领导以及诸多同人的帮助，在此表示衷心感谢。

由于编者水平有限，书中定有许多不足之处，恳请各位读者和同行不吝指正。

编　者
2018 年 12 月

目 录

第一章　大学之旅　从"心"起航 ……………………………………（ 1 ）
　　G1 感性导言 …………………………………………………………（ 3 ）
　　G2 感人案例 …………………………………………………………（ 3 ）
　　G3 感动体验 …………………………………………………………（ 10 ）
　　G4 感悟分享 …………………………………………………………（ 12 ）
　　G5 感奋践行 …………………………………………………………（ 13 ）

第二章　认识自我　把握人生 …………………………………………（ 23 ）
　　G1 感性导言 …………………………………………………………（ 25 ）
　　G2 感人案例 …………………………………………………………（ 25 ）
　　G3 感动体验 …………………………………………………………（ 27 ）
　　G4 感悟分享 …………………………………………………………（ 30 ）
　　G5 感奋践行 …………………………………………………………（ 31 ）

第三章　增强沟通　学会交往 …………………………………………（ 43 ）
　　G1 感性导言 …………………………………………………………（ 45 ）
　　G2 感人案例 …………………………………………………………（ 45 ）
　　G3 感动体验 …………………………………………………………（ 47 ）
　　G4 感悟分享 …………………………………………………………（ 49 ）
　　G5 感奋践行 …………………………………………………………（ 50 ）

第四章　生命宝贵　呵护珍惜 …………………………………………（ 67 ）
　　G1 感性导言 …………………………………………………………（ 69 ）
　　G2 感人案例 …………………………………………………………（ 69 ）
　　G3 感动体验 …………………………………………………………（ 71 ）
　　G4 感悟分享 …………………………………………………………（ 72 ）
　　G5 感奋践行 …………………………………………………………（ 73 ）

第五章　团队合作　共赢辉煌 …………………………………………（ 87 ）
　　G1 感性导言 …………………………………………………………（ 89 ）
　　G2 感人案例 …………………………………………………………（ 89 ）
　　G3 感动体验 …………………………………………………………（ 92 ）
　　G4 感悟分享 …………………………………………………………（ 93 ）

G5 感奋践行 …………………………………………………………（ 94 ）

第六章　抗压耐挫　直面人生 …………………………………………（105）
　　G1 感性导言 …………………………………………………………（107）
　　G2 感人案例 …………………………………………………………（107）
　　G3 感动体验 …………………………………………………………（110）
　　G4 感悟分享 …………………………………………………………（111）
　　G5 感奋践行 …………………………………………………………（113）

第七章　欣赏激励　灿烂生活 …………………………………………（127）
　　G1 感性导言 …………………………………………………………（129）
　　G2 感人案例 …………………………………………………………（129）
　　G3 感动体验 …………………………………………………………（131）
　　G4 感悟分享 …………………………………………………………（134）
　　G5 感奋践行 …………………………………………………………（136）

第八章　学海无涯　乐学为舟 …………………………………………（147）
　　G1 感性导言 …………………………………………………………（149）
　　G2 感人案例 …………………………………………………………（149）
　　G3 感动体验 …………………………………………………………（154）
　　G4 感悟分享 …………………………………………………………（156）
　　G5 感奋践行 …………………………………………………………（157）

参考文献 …………………………………………………………………（169）

第一章

大学之旅 从"心"起航

G1 感性导言

导 言

（背景音乐）

"相逢是首歌，眼睛是春天的海，青春是绿色的河……相逢是首歌，同行是你和我，心儿是年轻的太阳，真诚也活泼。"亲爱的同学们，这首歌不正是述说咱们在座的心声吗？当我们从四面八方、五湖四海汇聚到校园的那一刻起，便开启了大学之旅。希望你们的大学之旅都是人生中最幸福的旅程，因为大学时期是我们最美好的青春年华，让我们用真心和真诚，扬帆起航。

学习目标

本章是将学生带入体验式教学新模式的关键一课。在这一课里，通过灯光、音效、活动桌椅等硬件设施的介入试图激发学生对体验课程的兴趣，进而认可体验式教学的创新模式。学生通过本章的学习，在亲历体验的过程中，逐步敞开心扉，在享受参与活动的快乐之中，洗涤灵魂，领悟人生，增强学习动机。

名人名言

所谓大学者，非谓有大楼之谓也，有大师之谓也。

——梅贻琦

大学的存在就是为结合老成与少壮以从事创造性之学习，而谋求知识与生命热情的融合。

——怀海德

G2 感人案例

案例一

感谢贫穷

编者按：18岁的姑娘王心仪以707分的成绩考入北京大学，而当北大的录取通知书寄到家门口之时，她正只身一人在异地打工。

王心仪出生在河北省枣强县一个普通的农村家庭，妈妈体弱多病，常年在家照顾患有高血压、哮喘病，生活不能自理的姥爷。家中有两个弟弟，大弟弟即将升入高三，小弟弟还没有上小学。一家六口全靠家中的五亩地和爸爸外出做零活补贴家用。

贫穷是一个大多数人都不愿提及的字眼儿，因为它代表的是饥寒、

笔记区

笔记区

落后、无奈，但王心仪乐观而阳光，自强且自立，从她的脸上，你找不到一丁点儿的阴霾。这些正是其父母灌输给她的最好的精神营养！任何先进的教育都抵不过父母面对生活的态度。

姥姥患癌去世，家庭困难，面对同学对衣着的嘲笑，上学路上的艰难，王心仪通通化作了两个字——感谢！以下是她文章的全文：

谈钱世俗吗？不！

我出生在河北省枣强县枣强镇新村。枣强县是河北省贫困县，人均收入极低。我有两个弟弟，大弟弟和我一起就读于枣强中学，小弟弟还在上幼儿园。一家人的生活仅靠着五亩贫瘠的土地和父亲打工微薄的收入。

小孩子的世界，本就没有那么多担忧与沉重可言。而第一次直面贫穷与生活的真相，是在八岁那年。那年姥姥被诊断出患有乳腺癌，平静的生活如同湖面投了颗石子一般，突然被击得粉碎。一家人焦急慌乱，却难以从拮据的手头挤出救命钱来。姥姥的生命像注定熄灭的蜡烛，慢慢地变弱、燃尽，直到失去最后的光亮。

姥姥辛苦了一辈子，却未换来一日的闲暇，病床上的她依然记挂着牲畜与庄稼。一辈子勤勤恳恳的姥姥的离世，让幼小的我第一次感到被贫困扼住了咽喉。可能有钱也未必能挽救姥姥的生命，但经济的窘境的确将一家人推向了绝望的深渊。

我清楚地记得那些灰暗的日子里母亲无声又无助的泪水，我也开始明白：谈钱世俗吗？不，并不是的，它给予了我们最基本的生活保障，也让我们能尽全力去留住那些珍贵的人和物。而这些亦让敏感的我意识到：生活，才刚刚揭开她的面纱。

人生的路不是走给别人看的

我和比我小一岁的弟弟相继踏上求学路，又给家中添了不少经济负担。母亲由于身体原因，更因为无人料理的农活及生活难以自理的外公，而无法外出工作。全家只能靠父亲一个人打工养家糊口。父亲工作不稳定，工资又少得可怜，一家人的日常花销都要靠母亲精打细算，才勉强让收支相抵。

外公与妈妈一年的医药费也是一笔不小的开销，姥姥生病时家里又欠下了不少债，这也就免不了要省掉花在衣服上的钱。亲戚家若有稍大的孩子，便会把一些旧衣服拿到我家。有些还能穿的衣服经母亲洗洗，也就穿在了我和弟弟身上。

她常说，穿衣裳不图多么好看，干净、保暖就很好了。这也就不难理解为什么母亲现在仍穿着二十年前的校服了。我和弟弟也十分听话，从不吵着要新衣服、新鞋子。

不过，班上免不了有几个同学嘲笑我磨坏的鞋子、老气的衣服、奇怪的搭配。记得初一一个男生很过分地嘲弄我身上那件袖子长出一截的"土得掉渣"的棉袄，我哭着回家给妈妈说，她只说了一句："不要理他，踏实做事就好。"

是的，何必纠结于俗人的评论，那不过是基于你的外表与穿着，若他无法看到你内里的自我，不睬他也罢。人生的路毕竟不是走给别人看的。那件衣服我穿到了初中三年级，那句话我也记到现在。

幸福是极力拥抱自己看到的美好与阳光

除了衣着，上学带来的另一个问题就是：交通。低年级可以在村里上，但升到三年级就只能去乡里的学校。家里有一辆自行车，我坐在后座。弟弟只能坐在前面的梁上，两条腿跷起来。别人眼中似乎是"演杂技"的样子，竟让弟弟坚持了三年。

当时到乡里的路破得不成样子，水泥板碎成一片一片，走起来坑坑洼洼，一到雨天还会积很多水。可妈妈每次接送，从不误时。其实本可以让我们寄宿在学校，一周接送一次，但乡里学校的伙食实在很贵。妈妈又担心正在长身体的我们，却苦了体弱的自己。

有时候免不了要让我们下车跑一会儿，于是每天上下学跑上一公里就成为我和弟弟的锻炼方式。记得有一次下雪，雪积了有一尺厚，车子出不了门，妈妈裹着棉袄，顶着风，走到学校来接我们，一路上也不知道有多少雪融化在了她的脸上。但我和弟弟兴奋得不得了，一边玩雪，一边和妈妈说着今天学到的新知识。

我们三个人就这样一直走到天黑才到家。那时候我便懂得了，幸福不是因为生活是完美的，而在于你能忽略那些不完美，并尽力地拥抱自己所看到的美好与阳光。

尽管贫穷刺伤了我的自尊，但仍想说：谢谢你！

贫穷带来的远不止痛苦、挣扎与迷茫。尽管它狭窄了我的视野、刺伤了我的自尊，甚至间接夺走了至亲的生命，但我仍想说，谢谢你，贫穷。

感谢贫穷，你让我领悟到真正的快乐与满足。你让我和玩具、零食、游戏彻底绝缘，却同时让我拥抱到了更美好的世界。

我的童年可能少了动画片，但我可以和妈妈一起去捉虫子回来喂鸡，等着第二天美味的鸡蛋；我的世界可能没有芭比娃娃，但我可以去香郁的麦田，在大人浇地的时候偷偷玩水；我的闲暇时光少了零食的陪伴，但我可以和弟弟做伴，爬上屋子后面高高的桑葚树，摘下紫红色的果实，倚在树枝上满足地品尝。

谢谢你，贫穷，你让我能够零距离地接触自然的美丽与奇妙，享受这上天的恩惠与祝福。我是土地的儿女，也深深地爱恋着脚下坚实与质朴的黄土地；我从卑微处走来，亦从卑微之处汲取生命的养分。

感谢贫穷，你让我坚信教育与知识的力量。物质的匮乏带来的不外是两种结果：一个是精神的极度贫瘠，另一个是精神的极度充盈。而我，选择后者。

我来自一个普通但对教育与知识充满执念的家庭。母亲说过，这是

笔记区

笔记区

一条通向更广阔世界的路。从那时起,知识改变命运的信念便深深地扎根在我的心中。

母亲早早地教我开始背诗算数,以至于我一岁时就能够背下很多唐诗。来自真理与智慧的光明,终于透过心灵中深深的雾霾,照亮了我幼稚而又懵懂的心。贫穷可能动摇很多信念,却让我更加执着地相信知识的力量。

感谢贫穷,你赋予我生生不息的希望与永不低头的气量。农人们都知道,播种的时候将种子埋在土里后重重地踩上一脚。第一次去播种,我也很奇怪,踩得这么实,苗怎么还能再破土而出?可母亲告诉我,土松,苗反而会出不来,破土之前遇到坚实的土壤,才能让苗更茁壮地成长。长大后,当我再次回忆起这些话,才知道自己也正是如此了。

我不相信手掌的纹路
但我相信手掌加上手指的力量

"我不相信手掌的纹路,但我相信手掌加上手指的力量。"求学路上,多少的坎坷困顿终究阻挡不住我追逐真理的脚步。中考,我以全县第一的成绩考入枣强中学。高中三年,我一直秉承着"好之者不如乐之者"的态度,寻找并发现学习的乐趣,并全心投入其中,为每一天注入灵感与活力。三年来,我的成绩一直稳居年级前三名。在细心钻研课内知识的同时,我也注意拓展自己的课外知识,积极参加各种竞赛活动,获得了全国中学生基础知识与创新能力大赛省级一等奖、全国中学生物理竞赛省级二等奖,化学竞赛省级二等奖。

此外,我还是个充满好奇心与想象力的女孩。我喜欢仰望天空,那一望无尽的透彻的蓝,让心中所有的尘埃散尽,归于平静;我喜欢逗弄花草,这份大自然的馈赠与祝福,若不多花些时候欣赏,简直算得上"暴殄天物"了;我喜欢做白日梦,那是心灵的探索与自我的找寻,思想在翱翔、在潜游,引领我去本遥不可及的远方。我喜欢像这样放飞自我,与灵魂做伴,来一次心灵的旅行。同时,我也算得上是个"文艺女青年",平时喜欢静静地写点东西,作品《杨绛——那个安静的守望者》获得"语文报杯"大赛全国二等奖。

大家眼中的我,是个活泼、乐观而幽默的女生,时不时会给大家高歌一曲,把所有人吓出寝室;也常给朋友讲段子(听我讲笑话真的可以练出腹肌),把他们逗得哈哈大笑;同学们学习或生活中遇到了问题,也会找我帮忙,我亦以此为乐、全力相助。同时,我也绝不是个"两耳不闻窗外事"的两脚书橱。校内,我一直担任班长,全心全意为班级服务,并参与学校各种活动的组织、主持工作,被评为省级优秀学生干部;校外,我也投身于社会实践与服务工作中去,参与清扫街道、敬老院敬老等活动,受到大家的赞扬。

三年,苦吗?很苦,小弟弟的诞生,加上我和大弟弟都踏入枣强中学,不免让家庭经济陷入更大的困境,这些也让我认识到肩头上沉重的担子。我是老大，必须撑起这个家的希望。于是，压力成了动力，这种信念与责任激励着我一路向前。一年四季我一直穿着校服，每日的伙食是单调的白菜馒头稀饭，鸡蛋是成绩提高后作为奖励的加餐。可三年，又很甜，"以中有足乐者，不知口体之奉不若人也"。探索新知的乐趣远远超过了汗水的苦与咸。有老师的谆谆教导、同学的真挚情谊、学校的关心照顾，那些苦又算得了什么？

笔记区

 点评

1. 王心仪最该感谢的不是贫穷，而是一直奋发向上的自己。
2. 真正可怕的不是贫穷带来的苦痛，而是深处底层却失去突出重围的决心。

 思考

1. 能成为一名大学生，你最感谢的是什么？
2. 上大学对于我们的人生有何意义？

（资料来源：http://news.ifeng.com/a/20180911/60049303_0.shtml）

名人名言

大学必须经常给予社会一些东西，这些东西不是社会想要的（wants），而是社会需要的（needs）。

——弗兰克斯纳

一个大学的历史存在于什么地方呢？在书面的记载里，在建筑的实物上，当然是的。但是，它同样也存在于人们的记忆中，相对而言，存在于人们的记忆中，时间是有限的，但它毕竟是存在，而且这个存在更具体，更生动，更动人心魄。

——季羡林

案例二

一封家书

一位大学教授给自己刚考入大学的女儿写了一封信。父亲在信里对当时刚考上大学的女儿提了九点建议，涵盖了道德、专业、知识、恋爱方方面面。

这封信不仅打动了千万父母，还惊动了教育部，《人民日报》也转发荐读，甚至有网友建议：把这篇文章作为高中语文和大学语文的第一课。以下是这封信的全文：

宝贝，光阴似箭，日月如梭。襁褓中咿呀学语，庭院里蹒跚学步，都早已是很久以前的事了。不知不觉你已长大，转眼你就上大学了。按理说，18岁就是成年人，我本不该有什么担心。只是你自从出生以来，

笔记区

从来没有离开过家,我总担心你在外面照顾不好自己。你说不希望在本地上大学,我理解,也支持。外面海阔天空,你可以任意飞翔。

你很讨厌说教,但在你外出求学之际,我仍要啰唆几句。对你未必有效,对我却是安慰。

关于道德:道德首先是一种实践,善良不能仅存于内心

做一个有道德的人,这个说法并不新鲜,我主要是想说怎么做的问题。道德首先是一种实践,善良不能仅存于内心。记得有一次坐公交车,我主动给一位老人让座。当时你和君姐都说,没想到我会给人让座。我问你们,老师不就是这样教你们的?你们说是,只是觉得做的时候有点不好意思。我理解年轻人的这种心理,我第一次帮助别人时,也很在乎别人的眼光。

现在想来,根本不必。一件好事,不存私利,有何担心,怕啥议论?生活中有很多小事,只要信手拈来,就是一种善行。当你可以帮助别人时,不要吝啬。世界将因你的举手之劳,变得更加美好。爸爸受过别人的恩惠,我们要懂得反哺社会的道理。

关于专业:挑专业就是挑兴趣,不要用利益标准衡量

专业的好坏是相对的、辩证的,今天的好专业不等于永远的好专业。不要用利益的标准来衡量专业好坏。挑专业就是挑兴趣,专业再热,学科再强,你不喜欢就没有意义。兴趣的标准更稳定,利益的标准不长久。做自己喜欢的事,看自己喜欢的书,是人生一大享受。挑你喜欢的,学你热爱的,工作应有更多快乐,生活会有更高品质。

任何专业,只要学得足够好,不愁得不到别人不曾得到的东西。好比旅行,只要走得足够远,就能看得见别人未曾看见的风景。人类社会不断发展,专业分工更为精细,但专业分工不能分得井水不犯河水。各种专业都是解释世界的方式,广泛涉猎,你会更具智慧。

关于知识:知识使人生拥有更多可能

"读书无用论"是存在的,没有读书也发横财的人也是有的。但个案不能说明问题,普遍现象才有说服力。稍懂常识的人就知道,即使用金钱衡量,知识作用也不可忽视。不然,著名跨国公司对智力因素的高度重视就无法解释。

只要做一个简单的统计,就会发现知识与收入呈正相关关系。读书到底有没有用,关键是如何看待有用,不能只用"金钱"这一个标准衡量。知识使人生拥有更多可能性。知识决定一个人的气质、趣味、眼界、欣赏水平、价值观……这些都是影响生活质量的关键因素。这些都是知识熏陶的结果,而不是金钱交换的产物。如果你大学毕业后,能认识到还有很多更有意义的生活方式,那这个大学就没有白上。

关于阅读:读经典,经典是时间选择的产物

大学与高中最大的区别是,自由很多,挥霍自由的人也很多。希望你能利用这难得的自由,多读些书。现在很多年轻人不喜欢阅读,他们

可以花很多时间逛街、淘宝、打游戏、网聊……就是不肯花时间安安静静地阅读。我曾给学生写过一条读书寄语："趁年轻，认认真真跟好书来一次热恋。"我强调趁年轻，走上社会你就知道，抽出时间来读书是多么不易。

我还强调读好书，有些书确实害人，思想贫乏，内容平庸。读书像交友，要仔细甄别，非善勿近。一个简单的方法是读经典，经典是时间选择的产物，读者挑剔的结果。一本书之所以成为经典，肯定有它的道理。只要是经典，只要你想读，都可以去读。

关于竞争：不靠人情关系，就靠本事竞争

如今这个年代，需用实力说话。规则应该会越来越公平，竞争肯定会越来越残酷。爸爸是个倔强的人，办事不喜欢求人，也很少求过别人。当初我从小学调到初中，是因为校长觉得我有教初中的水平。后来，县城的学校招聘6名老师，我考了第3名，可没有被录取，没有关系，我不求别人。第二年我就考上了研究生，离开了那个地方。

不靠人情关系，就靠本事竞争。虽然这样比较辛苦，但于外能赢得别人尊重，于内能得到心里安稳，多好！你要知道，一个人如果不想过低三下四的生活，就必须有能让自己抬头挺胸的资本。你要抓住机会，提高自己，直面风雨人生，迎接时代挑战。

关于漂亮：内外兼修很重要，不要追求花瓶式的漂亮

爱美之心，人皆有之，女孩子就更是如此吧。人要懂得修饰自己，遗憾的是，这方面我没有什么经验可以传授给你。适当买些新衣服，戴首饰点缀，用化妆增色，都是可以的。当然，漂亮、有魅力不仅仅是指外表。言谈举止，会传递一个人的风度；待人接物，可泄露一个人的修养。

内外兼修很重要，我可不希望你追求花瓶式的漂亮。再说，我们家里还没有一个人有当花瓶的资本。知识是最好的化妆品，良好的素养会让人更有魅力，这是一种岁月都无法剥夺的吸引力。

关于恋爱：真爱深沉而非浅薄，真心无私而不贪婪

爱情很美好，爸爸希望你能找到意中人。孩子，只要你幸福，我的一生就圆满了。恋爱很严肃，对待须认真。感情不是拿来玩的，恩爱不是用来秀的。真爱深沉而非浅薄，真心无私而不贪婪。

你的爱人不是你的私有品。你可以想他，但不要轻易打扰他，你可以爱他，但不要牢牢限制他。恋爱会让人做出各种傻事而不自知，你是女孩子，要懂得洁身自好，什么事可以做，什么事不可以做，在去约会的路上就要想清楚。

爱的决定应该基于平时细致的考察，而不是一时的冲动。希望你将来的男朋友正直、有涵养。如果你们是认真的，我会祝福你们。

关于交友：遇事能让则让，有难可帮就帮

大学是读书之所，也是交友之地。人的一生一定要有几个交情过命

笔记区

笔记区

的朋友。幸福人生不是取决于金钱财富，而是取决于社会关系。朋友是广泛的社会关系中的一种。快乐有人分享，你会更快乐；悲伤有人分担，你不会太悲伤。各地都有人值得你牵挂，到处都有牵挂你的人，你会觉得世界充满阳光，心里如沐春风。

世界上没有无缘无故的爱，也没有无缘无故的恨。希望别人对自己好一点，自己首先就要对别人好一点。大学宿舍，4人一寝，大家远道而来，是前世定下的相遇。遇事能让则让，有难可帮就帮。予人玫瑰，手有余香。

关于时间：不要总觉得年轻，干什么事都还早

时间最公平，每个人的一天都是24小时。时光最易得，但也最不为人所珍惜。生活中常常听人说，要把时间补回来。时间是补不回来的，浪费了就是浪费了。不要总觉得自己还年轻，干什么事都觉得还早。有道是"记得少年骑木马，转眼已是白头人"。大学生的时间往往会无谓地消耗在两个方面，一是社团活动，二是上网。适当参加社团活动，广交朋友，增长见识，确是好事。但太多的课外活动，会使时间以各种光明正大的名义被浪费。

网络很便利，网络也很误事。电脑、手机让你时刻与外界保持联系，也让你时刻受到外界干扰。不妨在适当的时候，把网络关闭，让时间花在更有意义的事情上。

宝贝，说一千道一万，都不如你亲自去实践。爸爸不能教会你所有，也不能陪伴你一生。时光流逝，生命不会常在；总有一天，别离会成永远。希望这些建议能有益于你。

无论何时何地，都要快乐幸福。你若安好，我便幸福。

 点评

1. 大学是求学路上新的起点，也是培养个人修养的最好契机。
2. 知识是最好的化妆品，良好的素养会让人更有魅力。

 思考

1. 你的父母在你上大学之前有过什么叮嘱吗？
2. 大学是人生新的起点，你准备好了吗？

（资料来源：转载自微信公众号"当当"）

G3 感动体验
体验活动名称：开启幸福之旅

【活动目的】

（1）让学生通过对"盲人"与"引路人"角色的体验，体会突然失去光明时的无助，珍惜现在的拥有。

（2）让学生通过对助人与受助的体验，感受别人的需要，增加对他人的信任与接纳。

(3)让学生通过体验体会自身的价值,在活动中获得心理成长,学会关爱自己,关爱他人。

【活动准备】

(1)活动前要事先设计好行走的路线,设定各种障碍。

(2)参与者每人配发一个眼罩。

(3)给参与者每人准备一枝玫瑰花。

(4)每10人配备助教1名,学长2名。

(5)静心音乐《灵悟》。

【活动过程】

(1)指导教师课程体验活动导语(参考):

大千世界充满着精彩,诱惑着每个人去索取、去享受、去追求……

大千世界也充满着艰难,迫使着每个人去面对、去承受、去改变……

在茫茫人海之中,有谁能与我们同行、与我们分担忧愁、与我们一起快乐?那么,我们不妨去找一找,不妨去试一试,体验一下自助与他助、信任与被信任、爱与被爱的幸福与快乐。

本次课程让我们一起踏上"信任之旅",去体验那不一样的感觉……

(2)体验活动过程:

①指导教师发布队列口令,要求各小组按照A角和B角俩俩搭档成纵队站立,其中A角扮演盲人,B角扮演搀扶者和引路人。并要求在接下来的体验活动中任何人不得发出声响,充当B角者在引路过程中只能使用肢体语言。

②助教老师给A角发放眼罩,并请A角佩戴好眼罩(不得漏光)。

③指导教师发布口令,B角搀扶A角缓缓通过所有障碍物,如图1-1所示。

图1-1 开启幸福之旅活动现场

笔记区

④障碍物的设置可依据具体的场景而设置，如上下楼梯、跨越、穿行、摸冰水、触摸花木等。

⑤指导教师引领学生顺利地通过所设置的各种障碍物后，选择一处较为宽大的空地作为临时集中场地。

后续活动略。

背景音乐

（1）《父老乡亲》。

（2）《灵悟》。

（3）《爸爸妈妈》。

（4）班得瑞的《安妮的仙境》。

G4 感悟分享

（1）指导教师体验活动感悟分享提示语（参考）：

信任是一缕春风，它会让枯藤绽出新绿；信任是一条纽带，它联结了无数心灵。信任又像绽放的花朵，它需要友爱作空气，忠诚作阳光，关切作雨露。信任是人与人沟通的必要条件，人生之幸，莫过于被人信任；人生之憾，莫过于失信别人，"信任"会让生活更美满、更幸福。

①当你戴上眼罩后眼前一片漆黑时你的感受是什么？

②当你搀扶着别人跨过一道道的障碍时，你的感受是什么？

③当你睁开眼睛看到手中的玫瑰花时，你心中有哪些感想？

（2）指导老师要求学生以各小组为单位进行活动交流。

（3）由各小组推荐或自荐一名同学上台进行大组分享。

活动感悟（学生填写）

（1）

（2）

（3）

活动点评（老师填写）

（1）

（2）

（3）

友情提示

（1）整个活动过程中队员佩戴的眼罩不得漏光，随行的助教与学长要认真做好检查，发现错误要及时纠正。

（2）体验活动全程不得发出声响，要保持绝对的安静，引导者只能用非语言的方式引导"盲人"走完全程，让参与者自己体验各种感觉。

（3）指导教师与担任引路的学长要密切配合好，为保证队伍的连续完整不断开，事先要制定好手语联系信号，如：当队伍断开时，指导老师手臂举起掌心向前为禁止前进,担任引路的学长要停下;当队伍接上后,指导老师手臂举起掌背向前并前后摆动为前进,担任引路的学长开始缓缓前行。

(4) 障碍物的摆放要根据时间、地点、人员的不同而灵活设置。

名人名言

现在,我怕的并不是那艰苦严峻的生活,而是不能再学习和认识我迫切想了解的世界。对我来说,不学习,毋宁死。

——罗蒙诺索夫

G5 感奋践行

一、知识讲堂

大学新生常见的适应问题及解决对策

进入憧憬已久的大学,这是人生的一大转折。但很多的新生却出现了适应不良的问题。作为一个特殊的群体,在社会变化迅速、竞争激烈、人际关系复杂的环境中,许多大学新生感觉不知所措,产生心理上的不适应,面临着适应发展的压力与困惑。只有适应大学生活的各个阶段,才能切实地采取行动改变自己,才能使自己发展并成熟。

第一节 大学新生适应问题相关概念定义

适应是个体在与社会环境的交互作用的过程中,主动地顺应环境,调控和改变环境,最终达到与社会环境保持和谐关系和平衡状态。

心理学上的"适应",是指有机体想要满足自己的需求,而与环境发生调合作用的过程,它是一种动态的、交互的、有弹性的历程。适应是一个人通过不断调整自身,使其个人需要能够在环境中得到满足的过程,适应也是自我与环境和谐统一的一种良好的生活状态。

第二节 大学新生适应问题

(一) 难以适应新生活环境的焦虑心理

新生入学首先面临的就是生活环境的变化。进入大学后,失去了往日家庭的照顾,有的同学因缺乏独立生活的能力,一时生活上不能自理;有的学生开支无计划,时常出现"经济危机";有的同学每天循环往复于三点一线,面对丰富多彩、目不暇接的校园文化和活动无所适从;有的学生因缺乏集体生活的习惯,总希望得到他人的照顾和帮助,不知道也不会关心他人;还有的学生不适应学校的水土和饮食方面的差异以及气候、语言环境与作息时间的变化;等等。大学新生遇到这些问题时,常常束手无策,郁郁寡欢,致使有的学生出现烦躁、痛苦、紧张不安等

笔记区

焦虑情绪和疲倦、失眠、注意力不集中等神经衰弱症状。

（二）理想与现实的落差形成的失落心理

在进入大学前，许多学生想象的大学都是校园风景如画，教室宽敞明亮，师生团结友爱，处处欢歌笑语，充满诗情画意。然而，进入大学，经历短暂的兴奋期之后，却发现现实中的大学并非自己想象的那么美好。有的学生感觉到自己所考的大学与自己梦想的大学相去甚远；有的学生因为自己高考失利，或者是填报志愿时受到老师、家长的左右，所上的大学并非自己所愿；有的学生对自己所学的专业不甚了解，或者根本就不是自己选择的，因而没有兴趣，也学不进去。这些理想与现实的落差，致使一些学生常常怅然若失，忧心忡忡，情绪低落，感到前途迷茫，困惑失望，从而形成失落心理。

（三）学习适应不良的焦虑、困惑心理

学生从一种学习环境进入另一种学习环境时，常常对新的学习环境感到很不适应。进入大学后，许多学生由于已经习惯于高中时老师、家长等外部力量的严格控制，靠自己很难建立具体的学习目标，对大学学习感到难以适应。

第一，大学生的学习内容，不再像中学那样学习各学科的基础知识，而是拓宽了知识面，从常识上升到理论，从理论联系到实际。

第二，大学生的学习性质，不再像中学那样都是掌握现成的知识，而需要在掌握知识的同时，探索方法以及学科中存在的理论和实践问题。

第三，大学生的学习形式，不再像中学时仅限于课堂教学，而是更加丰富多样，如听报告会、查阅资料、社会实践等。

第四，大学生学习的管理，不再像中学那样依靠老师的指导和督促，而是大部分时间由学生自己安排，选修课也是自己选定，在学习时间和学习内容上有较大的自由支配的余地。

第五，处理不好学习专业知识和参加社会活动的关系，不会制订科学的学习计划，学习动机强度减弱，没有正确的学习目标，致使学习成绩不理想，产生困惑、迷茫的感觉，甚至焦虑自卑。

（四）人际交往障碍

人际交往是大学生活的重要内容，是大学生适应社会不可或缺的方面，也是大学生个性完善的重要组成部分，更是事业成败的关键因素。大学新生一方面渴望建立和谐、融洽的人际关系，获得友谊；另一方面，他们又封闭自己，不愿向别人敞开心扉，或者不了解人际交往的技巧，缺乏与人沟通的能力。

大学新生在中学阶段一般都有自己稳定的交际圈。到了大学之后，同学们来自五湖四海，初来乍到，彼此陌生，自我保护意识比较强，同学之间交往较谨慎。不少学生涉世未深，不是交往范围狭窄，就是不能与人开诚布公地交流。由于不愿意主动接近别人，思想情感得不到及时

沟通和表达，很多大学新生出现人际关系不协调，感到没有知心的朋友，产生压抑、孤寂和烦闷的抑郁心理。

（五）自我评价失调导致的自卑心理

大学是人才聚集之地。能考上大学的学生多数是中学的佼佼者，在中学时得到老师的称赞、家长的鼓励、同学的羡慕，自我感觉良好。但到了大学，个人的光芒很容易被掩盖忽视，面对新的环境和新的挑战，原有的优势被打破。其中大多数同学满怀信心和希望，开始新的拼搏；而有些同学却因为原有的优势被削弱甚至丧失，自尊心受到挫伤，导致自我评价失调，从而变得自卑起来。

（六）失去奋斗目标的迷茫心理

经过高考的激烈竞争，很多学生认为进入大学可以好好放松一下，以补偿十几年的寒窗苦读。可在大学里的学习任务也会很繁重。在中学时，学习的目标是考取大学，并且有家长和老师的支持和推动，被动但有动力。进入大学后，这个目标已经实现，许多学生失去了奋斗目标和外界推力，他们以往学习上的被动心理明显表现出来，从而出现迷茫心理。

第三节　大学新生适应问题解决对策

（一）正确认识大学和评价自我，给自己新的角色定位，发展自己

1. 正确认识大学

大学教育的本质是培养学生的自学能力。大学期间学习专业知识固然重要，但更重要的还是学习独立思考的方法，培养举一反三的能力。大学是一个帮助学生适应社会、适应不同工作岗位的平台。

大学是人生的关键阶段。大学是每个学生一生中最后一次有机会接受系统的教育，也是最后一次健全学生的知识基础、最后一次有大段时间用于学习的人生阶段，是每个学生最后一次在相对宽容的环境中学习的重要阶段。

认识大学与中学的不同。大学的教育方式方法和教育内容与中学时有很大的不同。大学更加注重学生自己的个性发展、自己的学习能力培养和自己对自己学习生活的规划。

2. 正确评价自己

新生首先要逐步接受已成为普通一员的事实，能够接纳自我。毕竟能进入大学的都是强手，强手在一起，应该说大家都在同一条起跑线上，都已成为普通一员，都应从头开始。新生应为成为胜利者中的一员而高兴，而不是相反。其次新生入学后，心理要有目标准备，经常要问自己"我来大学干什么"，"我在今后应该成为一个什么样的人"，这样有利于角色定位，有利于适应新环境。

新生在认识自我的过程中，应积极与他人做比较，通过比较发现自

笔记区

己的优缺点，恰当地评价自我，不断加强自身的长处，克服自身的弱点，发展自身，这样会获得自信，减轻心理压力。对自己的评价不要太高，也不要太低。

（二）营造和谐的人际关系

新生入学，常常会由于人际关系复杂、交往受挫而引发自卑、孤僻等心理问题。相对于中学的人际关系，大学人际关系显得比较复杂。这主要是因为大学生来自祖国各地，生活习惯、家庭背景、性格甚至语言等有一定差别，造成交往复杂困难。另外，在大学里学习不再是唯一目标，大学生行为目标多元化，也是导致人际关系复杂难处的一个诱因。大学生在人际交往中应坚持真诚待人、宽容待人、平等待人的原则，并掌握人际交往的技巧。心理学研究表明：人都希望得到别人的赞扬，害怕别人的指责。所以，在人际交往中要减少对别人的指责和批评，多给予别人真诚的赞扬，欣赏他人。在交谈中应善于倾听，表达自己的尊重和理解。另外，交友时要把握自己的原则，多交益友，控制自己交友的范围和人群。

（三）提高生活技巧和自理能力，积极寻求外部支持

大学生刚一进入大学校园，首先要做的就是熟悉自己周围的环境，主要是学习环境和生活环境两个方面。在生活上，要逐步学会自理，如在生活、学习、作息上合理安排，学会自主理财。在为人处世上，也要有独立能力，面对选择，要独立思考做出抉择。与人交往时，不要人云亦云，唯唯诺诺。在学习上，要变被动学习为主动探索，学会独立思考问题。面对学习、生活的不适应，新生除自己积极调适外，还应该积极寻求外部支持。如对老师上课方法不能适应，应积极向老生请教，还可向老师反映，取得老师的理解与帮助。可积极参加各种文体活动，在活动中体验集体的力量和温暖，认同新集体。

（四）确立新的大学奋斗目标

考上大学后不少学生放低对自己的要求，放纵自己，进而失去奋斗目标。大学阶段，一定要对自己以后的发展有一个明确的规划，树立起努力奋斗的目标，并为了实现这个目标不懈努力。有了一个明确的目标，可克服目标、方向、理想的迷失。同时从心理学角度来说，有一个明确的目标，会使心理指向集中于一处，这样无形中会转移注意力，削弱心理问题对心理的影响，摆脱因不适应而带来的心理问题。并且有了明确目标，就有了内在驱动力，可促使人变得积极向上，从而更有利于克服各种心理问题和疾病。

（五）掌握自我心理调适的方法

大学生在身心发展过程中，有意识地掌握一些常用的自我心理调适方法，如自我心理暗示等，对自己的心理放松、消除心理压力是非常有帮助的。自我暗示可以调节自己的心境、感情、意志甚至工作能力，起

到非常积极的作用。比如,在紧张的考场,反复勉励告诉自己"沉着、沉着";在荣誉面前,告诫自己"谦虚、谦虚";在遇到挫折时,安慰自己"要看到光明,提高勇气";等等。

(资料来源:刘丹. 大学新生常见的适应问题及解决对策 [J]. 边疆经济与文化,2010(4))

诗歌欣赏

再别康桥

徐志摩

轻轻的我走了,
正如我轻轻的来;
我轻轻的招手,
作别西天的云彩。

那河畔的金柳,
是夕阳中的新娘;
波光里的艳影,
在我的心头荡漾。

软泥上的青荇,
油油的在水底招摇;
在康河的柔波里,
我甘心做一条水草!

那榆荫下的一潭,
不是清泉,是天上虹;
揉碎在浮藻间,
沉淀着彩虹似的梦。

寻梦?撑一支长篙,
向青草更青处漫溯;
满载一船星辉,
在星辉斑斓里放歌。

但我不能放歌,
悄悄是别离的笙箫;
夏虫也为我沉默,
沉默是今晚的康桥!

悄悄的我走了,
正如我悄悄的来;
我挥一挥衣袖,
不带走一片云彩。

笔记区

二、扩展阅读

习近平寄语当代青年建功新时代

2018年7月2日，习近平总书记在中南海同团中央新一届领导班子成员集体谈话并发表重要讲话。在讲话中，习近平总书记对青年建功新时代提出了殷切期望，并提出了"勤学、修德、明辨、笃实，爱国、励志、求真、力行"的十六字箴言。

习近平总书记高度关心青年成长进步，多次通过演讲、座谈等方式与青年互动。事实上，2014年5月4日，习近平在北京大学同师生代表座谈时就提出"勤学、修德、明辨、笃实"八字要求，即：

一是要勤学，下得苦功夫，求得真学问。

二是要修德，加强道德修养，注重道德实践。

三是要明辨，善于明辨是非，善于决断选择。

四是要笃实，扎扎实实干事，踏踏实实做人。

2018年5月2日，习近平再次来到北京大学同师生代表座谈时，又向青年提出了四点希望，即：

一是要爱国，忠于祖国，忠于人民。

二是要励志，立鸿鹄志，做奋斗者。

三是要求真，求真学问，练真本领。

四是要力行，知行合一，做实干家。

总书记的谆谆教诲犹如一本成长指南，引领时代新人走好人生之路。

勤学，下得苦功夫，求得真学问

向实践学习、拜人民为师

优秀年轻干部要有足够本领来接班，加强学习、积累经验、增长才干，自觉向实践学习、拜人民为师。

——2018年7月3日至4日，习近平在全国组织工作会议上的讲话

求真理、悟道理、明事理

"玉不琢，不成器；人不学，不知道。"知识是每个人成才的基石，在学习阶段一定要把基石打深、打牢。学习就必须求真学问，求真理、悟道理、明事理，不能满足于碎片化的信息、快餐化的知识。

——2018年5月2日，习近平同北京大学师生座谈时的讲话

修德，加强道德修养，注重道德实践

重视道德认知、道德养成、道德实践

广大青年要把正确的道德认知、自觉的道德养成、积极的道德实践紧密结合起来，自觉树立和践行社会主义核心价值观，带头倡导良好社会风气。

——2013年5月4日，习近平同各界优秀青年代表座谈时的讲话

德是首要、是方向

道德之于个人、之于社会，都具有基础性意义，做人做事第一位的是崇

德修身。这就是我们的用人标准为什么是德才兼备、以德为先,因为德是首要、是方向,一个人只有明大德、守公德、严私德,其才方能用得其所。

——2014年5月4日,习近平在北京大学师生座谈会上的讲话

明辨,善于明辨是非,善于决断选择

千淘万漉虽辛苦,吹尽狂沙始到金

要树立正确的世界观、人生观、价值观,掌握了这把总钥匙,再来看看社会万象、人生历程,一切是非、正误、主次,一切真假、善恶、美丑,自然就洞若观火、清澈明了,自然就能做出正确判断、做出正确选择。正所谓"千淘万漉虽辛苦,吹尽狂沙始到金"。

——2014年5月4日,习近平在北京大学师生座谈会上的讲话

凿井者,起于三寸之坎,以就万仞之深

"凿井者,起于三寸之坎,以就万仞之深。"青年要从现在做起、从自己做起,使社会主义核心价值观成为自己的基本遵循,并身体力行大力将其推广到全社会去。

——2014年5月4日,习近平在北京大学师生座谈会上的讲话

笃实,扎扎实实干事,踏踏实实做人

当老实人、讲老实话、做老实事

要沉下心来干工作,心无旁骛钻业务,干一行、爱一行、精一行。要信念如磐、意志如铁、勇往直前,遇到挫折撑得住,关键时刻顶得住,扛得了重活,打得了硬仗,经得住磨难。优秀年轻干部要把当老实人、讲老实话、做老实事作为人生信条。

——2018年7月3日至4日,习近平在全国组织工作会议上的讲话

蓝图不可能一蹴而就

蓝图不可能一蹴而就,梦想不可能一夜成真。人间万事出艰辛。越是美好的未来,越需要我们付出艰辛努力。

——2013年4月28日,习近平在同全国劳动模范代表座谈时的讲话

爱国,忠于祖国,忠于人民

为民族、为国家、为人民做出新的更大的贡献

青春理想,青春活力,青春奋斗,是中国精神和中国力量的生命力所在。今天,在实现中华民族伟大复兴新征程上,北大师生应该继续发扬"五四"精神,为民族、为国家、为人民做出新的更大的贡献。

——2018年5月2日,习近平在北京大学师生座谈会上的讲话

爱国,不能停留在口号上

爱国,不能停留在口号上,而是要把自己的理想同祖国的前途、把自己的人生同民族的命运紧密联系在一起,扎根人民,奉献国家。

——2018年5月2日,习近平在北京大学师生座谈会上的讲话

励志,立鸿鹄志,做奋斗者

是追梦者,也是圆梦人

广大青年既是追梦者,也是圆梦人。追梦需要激情和理想,圆梦需

笔记区

笔记区

要奋斗和奉献。广大青年应该在奋斗中释放青春激情、追逐青春理想，以青春之我、奋斗之我，为民族复兴铺路架桥，为祖国建设添砖加瓦。

——2018 年 5 月 2 日，习近平在北京大学师生座谈会上的讲话

志之所趋，无远弗届

"志之所趋，无远弗届，穷山距海，不能限也。"对想做爱做的事要敢试敢为，努力从无到有、从小到大，把理想变为现实。

——2016 年 4 月 30 日，习近平在知识分子、劳动模范、青年代表座谈会上的讲话

求真，求真学问，练真本领

知行合一、格物致知、学以致用

学术、知识不能只是在嘴上，要联系实际，做到知行合一、格物致知、学以致用。所以，我后来看书很注意联系实际。

——2018 年 5 月 2 日，习近平在北京大学考察与青年学生分享读书心得时的讲话

不懂就学，不会就练

广大青年要保持初生牛犊不怕虎的劲头，不懂就学，不会就练，没有条件就努力创造条件。

——2016 年 4 月 26 日，习近平在知识分子、劳动模范、青年代表座谈会上的讲话

力行，知行合一，做实干家

迈稳步子、夯实根基、久久为功

青年有着大好机遇，关键是要迈稳步子、夯实根基、久久为功。心浮气躁，朝三暮四，学一门丢一门，干一行弃一行，无论为学还是创业，都是最忌讳的。

——2014 年 5 月 4 日，习近平在北京大学师生座谈会上讲话

投身人民的伟大奋斗

当代中国青年要有所作为，就必须投身人民的伟大奋斗。同人民一起奋斗，青春才能亮丽；同人民一起前进，青春才能昂扬；同人民一起梦想，青春才能无悔。

——2015 年 7 月 24 日，习近平致全国青联十二届全委会和全国学联二十六大的贺信

（资料来源：http://news.youth.cn/sz/201807/t20180710_11665615.htm）

三、观赏影片

大学新生

《大学新生》是美国 2007 年上映的喜剧片，由乔·努斯鲍姆执导，阿曼达·贝尼斯、萨拉·帕克斯顿和马特·朗主演。该片讲述的是雪梨·怀特的大学生活故事。

剧情简介：

  一个古老的童话故事被带进了现代生活：雪梨·怀特是一个像男孩般顽皮活泼的女孩，这可能跟她妈妈去世得早，和爸爸一起生活有关。刚刚高中毕业的雪梨即将进入大学迎接全新的生活，为了更能贴近妈妈曾经有过的生活，雪梨决定离开宁静的家乡小镇和爸爸，去佛罗里达州的南太平洋大学念书，并参加那里的姐妹会，寻找和妈妈有关的一切足迹和记忆。

  然而，雪梨却发现这里所谓的姐妹会和她想的完全不一样，极度排外，还由一个名叫雷切尔的女生掌控着——她就是邪恶女巫在现代大学里的模样，虽然她没有魔镜，却懂得用网络搜索谁才是大学里最受欢迎的女孩……雪梨悲哀地发现，姐妹会比它被吹捧的样子差得太多了，由于实在没办法融入这种独断专横的新鲜生活中，雪梨决定退出姐妹会，从那里的宿舍搬回到普通的学校宿舍里。然而，让雪梨想象不到的是，她却在这里、在七个同样被排斥的男孩中间找到了喜欢的生活方式，而包括忧郁自闭的莱尼和有才华的泰伦斯在内的这七个男孩，从没想到像雪梨这样应该出现在受欢迎的姐妹会的女孩，竟然也愿意和他们这群"蠢蛋"交朋友。

  在一个受到雪梨那特殊的魅力吸引的兄弟会成员泰勒·普林斯的帮助下，雪梨和这七个她刚刚结识的伙伴正式向学生会下了战书，抵制所有不合理的制度。雪梨从身边和自己一样的"普通人"下手，团结大多数力量，与那些人数不多却占统治地位的姐妹会——主要是雷切尔战斗。雪梨掀起了一场轰动的校园革命，对姐妹会的系统进行了大胆的改革，让它能够为大多数学生服务……规则一旦被改变，就永远都变不回来了。

四、练习与思考

1. 大学新生适应问题有哪些？
2. 大学新生遇到适应问题有何解决对策？
3. 你认为大学阶段和高中阶段的学习有哪些不同？

第二章

认识自我　把握人生

G1 感性导言

导言

（背景音乐）

"认识你自己"，这是一句镌刻于古希腊德尔菲神庙上的铭言，它在亘古的历史中回响了几千年，时时警醒着现实生活中的芸芸众生：人，要能够认识自己。大学生活是人生成长中的一个重要阶段，也是人的自我意识发展的关键时期。

认识自我是对自己及周围环境关系的认识，包括对自己存在的认识，对个体身体、心理、社会特征等方面的认识。作为社会群体中的一员，不仅要正确认识自己的优点、弱点，而且要能正确估计自己的能力、个性、爱好与情趣，据此妥善安排自己的工作、学习和生活，进而在学业、谋职以及恋爱等诸方面做出正确的抉择，以获得成功的机会。

学习目标

本章通过学生亲历的体验活动，帮助学生了解自我意识的含义、作用和发展特点，从而正确地认识自我、理解自我，积极地悦纳自我，科学地发展自我，不断地超越自我。

名人名言

不管我们是否意识到，我们每个人都有一幅自我的"蓝图"或一幅自画像。我们意识里对此可能不够清晰、具体，也可能不了解，但它却是存在的，而且完整详细地摆在那里。自我意识是一个前提、一个根据、一个基础，由此而产生出个人的整个个性、行为，甚至环境。

——马克斯韦尔

G2 感人案例

案例一

人生没有什么能被保证

他生长在一个普通的农户家，小时候家里很穷，很小就跟着父亲下地种田。在田间休息的时候，他望着远处出神。父亲问他想什么，他说他将来长大了，不要种田，也不要上班，他想每天待在家里，等人给他邮钱。父亲听了，笑着说："荒唐，你别做梦了！我保证不会有人给你邮。"

后来他上学了。有一天，他从课本上知道了埃及金字塔的故事，就

笔记区

笔记区

对父亲说:"长大了我要去埃及看金字塔。"父亲生气地拍了一下他的头说:"真荒唐,你别总做梦了!我保证你去不了。"

十几年后,少年长成了青年,考上了大学,毕业后做了记者,平均每年都出几本书。他每天坐在家里写作,出版社、报社给他往家邮钱,他用邮来的钱去埃及旅行。他站在金字塔下,抬头仰望,想起小时候爸爸说过的话,心里默默地对父亲说:"爸爸,人生没有什么能被保证!"

他,就是台湾最受欢迎的散文家林清玄。那些在他父亲看来十分荒唐不可实现的梦想,在十几年后他都把它们变成了现实。

我们每个人小时候都有美好梦想,正是这些梦想,为我们未来种下了成功的种子。因为梦想就是希望,是与我们天性中的潜质最密切相关的。但是梦想又往往和现实有着太遥远的距离,所以需要经营。经营梦想就是通过自己不懈的努力,把看似遥远甚至有些荒唐的梦想一步步变成现实。

林清玄是一个农家子弟,他想让别人给他邮钱,想去埃及看金字塔,看起来十分好笑,连父亲都嘲笑他,但是他为了实现自己的梦想,十几年如一日,每天早晨4点就起来看书写作,每天坚持写3 000字,一年就是100多万字,最终实现了自己的梦想。

 点评

1. 成功始于意念,心中相信一万次的事情,迟早成为现实。

2. 林清玄的故事再次说明了正确认识自我的重要性,始终知道自己想要的,不放弃、不抛弃,目标就会一点一点地实现。

 思考

1. 林清玄的成功带给我们怎样的启示?

2. 在大学生活中如何实现自己的梦想?

(资料来源:http://blog.sina.com.cn/s/blog_43633aa9010003xi.html)

案例二

让自己成为珍珠

有一个自以为是全才的年轻人,毕业以后屡次碰壁,一直找不到理想的工作,他觉得自己怀才不遇,对社会感到非常失望。多次的失败,让他伤心而绝望,他感到没有伯乐会来赏识他这匹"千里马"。痛苦绝望之下,有一天,他来到大海边,打算就此结束自己的生命。

在他正要自杀的时候,正好有一位老人从附近走过,看见了他,并且救了他。老人问他为什么要走绝路,他说自己得不到别人和社会的承认,没有人欣赏并且重用他……

老人听他说后,从脚下的沙滩上捡起一粒沙子,让年轻人看了看,然后就随便地扔在了地上,对年轻人说:"请你把我刚才扔在地上的那粒沙子捡起来。"

"这根本不可能!"年轻人说。

老人没有说话,从自己的口袋里掏出一颗晶莹剔透的珍珠,随手扔在了沙滩上,然后对年轻人说:"你能不能把我刚才扔掉的那颗珍珠捡起来呢?"

"当然可以!"

"那你现在就应该明白是为什么了吧?你应该知道,现在你自己还不是一颗珍珠,所以你不能苛求别人立即承认你。如果想要别人承认你,那你就要想办法使自己成为一颗珍珠才行。"年轻人蹙眉低首,一时无语。

点评

1. 大学生年轻气盛,往往会高估自己,瞧不起别人,常常发出"天下谁人不识君"的感慨,却"拎不清"自己的分量。甚至个别人由于错误的原因而走向极端,玷污了大学生宝贵的声誉。

2. 对大学生而言,必须清醒地知道自己只是一颗普通的沙粒,而不是价值连城的珍珠。

3. 在人生的旅途中,青年人要历经无数的风雨,被人忽视和遗忘都是很正常的事,如果你耐不住寂寞、平淡,就很难成功。

思考

1. 一颗小小的沙粒给了我们怎样的启示?
2. 如何让自己努力成为一颗珍珠?

(资料来源:http://www.360doc.com/content/07/0402/19/12719_426985.shtml)

G3 感动体验
体验活动名称:独特的我

【活动目的】

(1)让学生通过体验了解每个人都是独一无二的。
(2)让学生通过体验接纳独特的自我和独特的他人。
(3)让学生通过体验发挥自己的优势努力做更好的自己。

【活动准备】

(1)"我心中的自己和别人眼中的我"表单每人各一份。
(2)"我的长处和短处"表单每人各一份。
(3)黑色水笔每人一支。
(4)音乐视频《我就是我》。

【活动过程】

(1)指导教师课程导语(参考):

世界上找不到相同的两片树叶,也找不到完全相同的两个人。造物主把我们每一个人都打造得富有特色,所以,每个人都是独一无二的。

下面,我给大家讲一个有关一只小麻雀的故事。

笔记区

有一天,一只小麻雀飞到森林里,看到了一只孔雀,它觉得孔雀的翅膀非常的美丽,再看看自己这么丑、这么小的翅膀,自卑感油然而生。到了晚上,小麻雀做了一个梦,在梦里它有了孔雀的翅膀,正当它兴高采烈地展现自己的翅膀时,突然有一只狼迎面扑来,小麻雀努力地振翅想逃,却发现自己已经不能飞翔,它一下子从梦中被吓醒了。

小麻雀心想还好这只是个梦……

又有一天,小麻雀飞到了一座高山上,它看到老鹰飞得好高好高,又好威风,自己跟老鹰比起来真是太渺小了。一会儿小麻雀靠着枝干睡着了,梦见自己变成了老鹰,任意飞翔,但是它以前的好朋友却都离它而去,不敢再与它为伍了。它突然觉得很孤单,没有朋友的日子真难过,还是当个小麻雀好,日子过得充实而又快乐。

醒来后,它庆幸自己还是一只小麻雀。

小麻雀的故事告诉我们,世上每一个人都有自己的特长和个性,我们每个人都是独一无二的。学习别人我们可以获得进步,而一味地模仿别人则是死路一条。但是,你真的了解自己吗?现在,让我们开始本次课程关于自我的探索之旅。

(2)助教给每位学生发"我心中的自己和别人眼中的我"活动表一份,见表2-1。

(3)指导教师要求学生对照表中一些描述个人特性的形容词,按照最符合你的、较符合你的、不符合你的分别用"☆""+""-"符号表示填写。填完后把表给你的同学,让同学给你做出相应的评价。然后,将此表交给老师(辅导员)填写。

表2-1 我心中的自己和别人眼中的我

形容词	自己	同学	老师(辅导员)	形容词	自己	同学	老师(辅导员)
朴实的				单纯的			
内向的				发脾气			
固执的				律己的			
冒险的				乐观的			
刻苦的				慷慨的			
顺从的				不服输			
自私的				快乐的			
认真的				爱表现			
果断的				谨慎的			
成熟的				有才华的			
助人的				温和的			
随便的				有信用的			

续表

形容词	自己	同学	老师 （辅导员）	形容词	自己	同学	老师 （辅导员）
勇敢的				独立的			
热情的				腼腆的			
有同情心的				外向的			
有进取心				幽默的			
懒惰的				有毅力的			
可靠的				合群的			

（4）表2-1填好后，填写表2-2分析"我的长处和短处"。

表2-2　我的长处和短处

我的长处	我的短处
当我再一次看清楚自己的长处和短处之后，我感到：	

（5）当全体学生表格填好后，指导教师发布指令，各小组在组长的带领下进行交流活动：

①每个成员对自己的优缺点做个较为全面的评价性表述；

②评价之后，小组其他成员给他"戴高帽"，即把自己认为的该成员的优点大声地说给他听；

③小组其他成员说出对他的希望（帮助他认清自己的不足）。

时间20分钟。

（6）观赏音乐视频《我就是我》。

友情提示

（1）活动前的表单要准备好，为方便学生填写和节约课堂时间建议两张表印在一张纸上。

（2）"我心中的自己和别人眼中的我"表上需要老师填写的部分，要督促学生课后及时找老师完成，以便让学生更全面、更深刻地认识自己。

（3）"我心中的自己和别人眼中的我"表上需要老师填写的部分，也可以替换成学生认可的其他人，如家长、朋友或恋人等。

笔记区

背景音乐

（1）《我就是我》。

（2）《我》。

（3）《穿过树荫》。

G4 感悟分享

（1）指导教师体验活动感悟分享提示语（参考）：

我们每个人都是与众不同的，只有接纳自己的独特，才能以健康的心态去接纳他人。在人际交往中，关注别人首先要关注他的特殊之处，这样才能使我们真正地互相了解。

在一个优秀的团队中，我们要相互取长补短，充分发挥每个成员的兴趣爱好、特长及性格优势。你可以做我做不到的，我可以做你做不到的，我们大家一起什么都能做到。

①我最大的优点或特长是什么？

②如何在大学生活学习中更好地发挥我的特长？

③本次体验活动我有哪些收获？

（2）指导教师要求学生以各小组为单位进行活动交流。

（3）由各小组推荐或自荐一名同学上台进行大组分享。

活动感悟（学生填写）

（1）

（2）

（3）

活动点评（学生记录）

（1）

（2）

（3）

心理幽默

我去哪儿了

有个叫张三的解差，押送一名生性狡猾的和尚服役，途中解差为避免出现闪失，就每天早晨把所有重要的东西全部清点一遍。他先摸摸包袱，自言自语地说："包袱在。"又摸摸押解和尚的官府文书，告诉自己说："文书在。"然后他再摸摸和尚的光头和系在和尚身上的绳子，又说道："和尚在。"最后他摸摸自己的脑袋说："我也在。"

张三跟和尚在路上走了好几天了，每天早晨都这样清点一遍，不缺什么才放心上路，没有一天漏掉过。和尚对张三的一举一动都看在眼里。一天，和尚灵机一动，想出了一个逃跑的好办法。

一天晚上，他们俩照例在一家客栈里住了下来。吃晚饭的时候，和尚一个劲地给张三劝酒："长官，多喝几杯，没有关系的。顶多再有一两天，我们就该到了。您回去以后，因为押送我有功，一定会被上级提拔，这不是值得庆贺的事吗？不是值得多喝几杯吗？"张三听得心花怒放，喝了一杯又一杯，慢慢地，手脚不听使唤了，最后终于酩酊大醉，躺在床上鼾声如雷。和尚赶快去找了一把剃刀来，三两下把张三的头发剃得干干净净，又解下自己身上的绳子系在张三身上，然后就连夜逃跑了。

第二天早晨，张三酒醒了，他迷迷糊糊地睁开眼睛，就开始例行公事地清点。他先摸摸包袱说："包袱在。"又摸摸文书说："文书在。"又摸和尚……"和尚呢？"继而一摸光头，再摸摸身上系的绳子，转惊为喜："哎，和尚在。"不过，他马上又迷惑不解了，和尚在，那么我跑哪儿去了？

"我"是不可能没有的，但在生活中我们经常忘了自我，要真正认识"自我"并不是一件容易的事。

（资料来源：http://www.360doc.com/content/11/1022/20/1324621_158273887.shtml）

G5 感奋践行

一、知识讲堂

大学生自我意识的完善与发展

人的一生就是一个在不断寻找自我、体验自我、完善和超越自我的过程，这是生命赋予我们每个人的神圣使命。作为新时代的大学生，能否客观全面地认识自我，这将关系到他们一生的发展和幸福。

第一节 自我意识概述

如果一个人不知道自己是怎样一个人的时候，他的生活就会充满彷徨和不安，处于一种动荡、不确定的感觉之中。德国作家约翰·保罗说："一个人真正伟大之处，就在于他能够认识自己。"所以，在认识别人之前，我们首先要认识自己；认识世界之前，我们更要认识自己。只有认识了自我，我们才能更好地做自己。

（一）自我意识的含义

自我意识是个体对自己的认识。具体地说，自我意识就是个体对自身的认识和对自身周围世界关系的认识，就是对自己存在的觉察。

自我意识包含以下内容：

（1）生理自我：生理自我是个体对自身生理状态的认识和评价，主要包括对自己的体重、身高、身材、容貌等身体和性别方面的认识，以及对身体的痛苦、饥饿、疲倦等感觉。

（2）心理自我：心理自我是对自身心理状态的认识和评价，主要包

笔记区

括对自己的能力、知识、情绪、气质、性格、理想、信念、兴趣、爱好等方面的认识和评价。

（3）社会自我：社会自我是对自己与周围关系的认识和评价，主要包括对自己在一定社会关系中的地位、作用，以及对自己与他人关系的认识和评价。

（二）自我意识的结构

（1）自我认识是认知的一种形式，主要包括个体的自我感觉、自我观察、自我分析和自我评价等方面的内容。

（2）自我体验属于情绪、情感的范畴，主要包括个体的自尊、自信、自卑、自负、自豪和自责等方面的内容。

（3）自我调控是个体对自己的心理、行为和态度等方面的调节，主要包括自主、自立、自律、自我教育、自我控制等方面。

（三）自我意识的存在方式

（1）现实自我是指个人当前发展所达到的实际的自我状态，即自我在能力、水平、业绩等方面的实际表现。

（2）镜中自我是指从别人眼中反照出来的自我形象，即在个体眼中别人对自己的基本看法。

（3）理想自我是指个体想要达到的比较完美的形象。

（四）自我意识的功能

自我意识与人的成长发展息息相关，是促进自我完善的核心要素，也是增强心理适应能力、促进个性发展的重要基础。自我意识在大学生的成长中具有导向、控制和内省调节等功能。

（1）一个人要想成就一番事业，就必须从自身的实际出发，制定明确的目标，只有如此才会调动自身的潜能，激发出强大的动力。大学生要通过正确的自我认识，才能确立较为合理的"理想自我"，为个人将来的发展确定切实可行的目标。

（2）一个人要获得发展、取得成就，在有目标之后，还必须具备自立、自主、自信、自制的意识，对自己的情感、行动加以调节和控制。在通往成功的路上，很多人并不缺乏机会和才华，而是因为缺乏自我控制的意识和能力，故而与成功失之交臂。自我控制是自我意识发挥能动作用的一个重要方面，它是目标的守护神，是成功的卫士。缺乏自我控制意识的人，将是一个盲动的人、情绪化的人，缺乏恒心与毅力的人，是一个难成大事的人。

（3）由于主客观条件的制约，"理想自我"的实现常常会遇到各种障碍，致使个体产生不同程度的挫折感，这时自我意识就会对自己的认识、情感、意志、行为等进行反省，找寻受挫的主客观原因，并重新调整自我认识，形成新的"理想自我"，使其与"现实自我"趋于统一。内省和调节是大学生成长中所进行的自我监督和自我教育，每个人要想使自己的天赋和才能得到充分的开发和利用，成为自我实现的人，就需要有积极的自我意识，随时对自我的认识、情感、意志和行为加以反省和调节。

自我意识与人才的成长和发展有着密切的联系，健全的自我意识在人才的发展中起着导向、控制和监督教育的作用，是人才发展的必备要素。大学生正处于自我意识的确立时期，一定要重视自我意识的作用。

名人名言

人生最困难的事情是认识自己。

——特莱斯

第二节 大学生自我意识发展的特点与冲突

（一）大学生自我意识的特点

大学生正处于自我意识发展的关键时期，其自我意识的发展出现了许多新的特点，具体表现为以下方面：

1. 自我认识的内容更加深刻和丰富，强烈关心自己的需要和发展

中学阶段，学生对自我的认识比较看重一些外在的东西，如身体、容貌、仪表等，到了大学阶段，学生对自己的认识发生了很大的变化，学生在看重外在东西的同时，更加注重个人内在的素质。

心理学家斯普兰格指出：青年期是开始"自我发现"的新时期。具体表现以下几个方面：

（1）关于自己成人的自我意识。如，我是个成人吗？我的行为符合成人要求吗？

（2）关于自己美丽的自我意识。如，我漂亮吗？

（3）关于自己能力、性格的自我意识。如，我聪明吗？我温柔吗？

（4）关于性的自我意识。如，会有人喜欢我吗？怎样才能招异性喜欢？

（5）关于社会归属与社会地位的自我意识。如，我被重视吗？我的名气大吗？

（6）关于对人生价值的自我意识。如，我为什么活着？活着的价值与意义是什么？我要成为一个怎样的人？

2. 自我体验丰富复杂

（1）敏感性。

大学生对于外部世界和自己的内心世界的许多方面都比较敏感，尤其是与他们相关的事物，很容易迅速引起情感情绪上的反应，对凡是涉及"我"的及"与我相关的事物或事情"都很敏感。大学生开始重视自己在群体中的地位和威信，对他人的言行和态度十分敏感，对涉及自己的名誉、地位、前途、理想及异性交往等方面的问题，更容易产生强烈的自我情绪体验。

笔记区

(2) 丰富性。

大学生的自我体验是既丰富又复杂，大学多彩的学习生活为他们发展自我体验的丰富性提供了有利条件。随着自我认识的发展，大学生意识到自身的成长而产生成人感；意识到自己是一名当代的大学生而产生义务感及爱国主义和集体主义的体验；意识到自己的能力和品德状况，而产生自豪或自卑等体验。

(3) 波动性。

大学生的情绪极具波动性，如：可能因一时的成功而产生积极的、愉快的情感体验，甚至骄傲自满、忘乎所以，对自我的肯定多些，充满了自信；可能因一时的挫折而低估自我，从而丧失自信心，灰心丧气甚至悲观失望，对自我的否定就多些，容易产生自卑、内疚等情绪；受到老师或同学的表扬，就觉得自己满是优点，若受到老师或同学的批评，就觉得自己处处不行。男生自我体验的基调倾向于热情、憧憬、自信、紧张、急躁；女生则倾向于热情、舒畅、憧憬、愁闷、急躁。

(4) 内隐性。

内隐性是指人们的心理活动具有某种含蓄、内隐的特点。大学生心理活动开始指向自己的内部世界，逐渐失去了儿童期的外露、直爽、天真、单纯。大学阶段，学生有了自己的秘密，希望有属于自己的空间，不愿意把自己的内心世界轻易向他人敞开，十分注重自己的面子，会有意识地掩盖自己的缺点和短处。

3. 自我评价能力提高但也存在不平衡性

大学生通过学习，知识增加，阅历增多，感性与理性趋于成熟，因此，对自己的分析和评价逐渐地变得客观而且全面，但有时也会出现高估或低估自我的倾向。即大学生的自我评价存在两极性：一是"高估自我"，有着很强的优越感、自尊心和自信心。行为表现上缺乏理智，妄自夸大，幻想高于现实，当现实条件不如意时，就埋怨客观环境不佳。二是"低估自我"，由于在大学生活和学习中遇到了挫折和困难，产生了自卑心理，出现焦虑和紧张，倾向于自我否定。

4. 自我控制的自觉性和独立性有所增强

大学生有强烈的自我设计和自我发展的意愿，大部分同学都能奋发向上、自觉成才，并且根据自我设计目标自觉调节行为，力图摆脱自身的束缚，达到自己预定的目标或愿望。同时，他们也能够自觉主动地根据社会的要求来调节自己不切合实际的目标和动机。

(二) 大学生自我意识发展的冲突

1. 理想我与现实我的矛盾

理想我是指个人想要达到的完美的形象，是个人追求的目标，它引导个体实现理想中的个人自我。现实我是个人从自己的立场出发，对现实中自我的各种特征的认识。在现实生活中，理想自我与现实自我总是存在着一定差距的，这是正常的，它可以激励大学生奋发图强、积极向上；但当现实自我距离理想自我落差太大，尤其是希望渺茫时，大学生就会产生各种各样的心理不适甚至自暴自弃，变得平庸无为，无所事事，没有动力，导致一系列心理问题。

2. 独立与依附的矛盾

大学生正处在人生中第二次飞跃的"心理断乳期"，生理与心理的成熟使他们渴望独立，以独立的个体面对生活、学习与工作中遇到的问题，希望自立自强，成为一个有独立见解、能决定自己命运的人。可是，每当应激事件出现时，由于他们缺乏经验和能力，却又盼望亲人、老师、同学能够替自己分忧，无法做到真正意义上的独立。另外，大学生由于在经济上对他人的依附，在心理上的独立也是很难完成的。

3. 渴望交往与心灵闭锁的矛盾

没有哪个时期比青少年时期更加渴望友情与爱情的滋养，更加渴望同辈群体的认同与归属感。在这个时期，每个人都渴望着爱与友谊，渴望着交往与分享，渴望着自我价值得到实现，渴望着探讨人生的真谛，寻找人生的知己，希望自己成为群体中受尊敬与欢迎的人；另一方面，大学生的自我表露又受着心灵闭锁的影响，总是不经意地将自己的心灵深藏起来，与同学有意无意保持着一定的距离，存在着戒备心理，不能完全敞开心扉与他人交流与沟通思想，感到没有人理解自己，缺乏知音。

4. 自负与自卑的矛盾

由于大学生自我意识在发展过程中，心理尚未完全成熟，不能对自己有正确的认知，因而对自己的认知会出现偏差：自卑或自负。自负就是过高地评估自己的长处和优点的结果。自卑是自我评价过低，表现为对自己缺乏信心，对自己不满和否定。自负与自卑总是紧密相联的，自负表现强烈的人往往也是极度自卑的人。

5. 理智与情感的矛盾

大学生情绪的一个显著特点是容易两极分化，或高或低，波动性大，易冲动，不易控制。但随着身心的发展、认知水平的提高，大学生渐渐成熟，在遇到客观问题时，既想满足自己情感的要求，又想服从于社会及他人的需求。特别是当遇到就业困难、失恋等人生打击时，尽管理智上能够理解，但在情感上仍难以接受。

名人名言

知人者智，自知者明。胜人者有力，自胜者强。

——老子

心理故事

了解自己，胜过任何他人评价

2014年3月30日晚上，2013—2014赛季CBA总决赛，新疆广汇88∶96负北京金隅，孙悦带领北京金隅夺冠。赛后，这位幸运的CBA和

笔记区

NBA 双料总冠军戒指获得者表示，这个荣誉证明了自己一个夏天的努力没有白费，而他也顶住各种非议和质疑，打出了属于自己的水平和风格。他说道："我跟我老婆平时也说过，有些事情你不用去理它，别人批评不会让你变得更坏，别人的赞扬也不会让你变得更好，自己知道自己是什么样的人，比任何人的评价都重要。"

 点评

1. 2014 年 3 月 30 日，孙悦成为历史上第一个同时拥有 NBA 和 CBA 总冠军戒指的中国球员。作为一个球星，他获得了很大的荣誉，但比荣誉更可贵的是平常心。

2. 孙悦的成功充分说明了正确认识自我的重要性，"不以物喜，不以己悲"，始终保持淡然平静的心态，刻苦努力，打出自己的水平和状态，这才是最重要的。

 思考

1. 孙悦的成功带给我们怎样的启示？
2. 在大学生活中该如何完善自己的个性？

（资料来源：http://sports.163.com/14/0331/00/9OKIB2H600052UUC.html#p=9OKBOPBJ5GUM0005）

第三节　大学生自我意识完善的途径

自我不是被发现出来的，而是靠我们自己创造出来的。知人难，知己更难。认识自己很不容易，但每个人又必须正确认识自己，只有认识自我，才能实现自我。

（一）正确地认识自我

（1）正确认识自我就是对自己的性格、特长、兴趣、爱好以及家庭、社会对自己的影响，做一个全面、客观、准确的自我评价。

（2）正确认识自我就是对自我的监督和调控，这是一个终身的过程。经常进行自我反思，剖析自己成功或失败的原因，才能始终保持清醒的自我认知。

（3）正确认识自我就是要经常并及时地听取他人对自己的评价。除此之外，大学生还要尽力增加生活阅历，扩展交往空间，将各种途径获得的关于自我的信息进行分析、综合与比较，实事求是地全面评价自己。用发展的眼光、辩证的方法看待自己和他人。比较的视野越广阔、方法越科学，自我定位就越恰当。

（二）积极地悦纳自我

（1）悦纳自我就是愉快、满意地接受自己。既看到自己的优点也承认自己的不足，知道自己是世界上的"独一无二"的人，也知道世上没有十全十美的人，但每个人都有存在的价值和活着的理由，不必苛求自己雷同别人，做一个真实的自己。

（2）悦纳自我不决定于个人财富的多少、地位的高低、生活条件的好坏，而更多的是取决于自己的心理状态。一种美好的心境，比良药更能去除生理上的疲劳和痛苦。

（3）悦纳自我是以积极的态度来接受自己的一切，对生活乐观、豁达，能理智地看待自己的长处和短处，冷静地对待得失，不夸大也不贬低自我，能以发展的眼光来看待自己，不回避自身的现状，更不以哀怨、自责甚至厌恶来否定自己。

（三）有效地控制自我

自我控制是健全自我意识、完善自我的根本途径，是主动定向地改造自我的过程，也是个体对待自己的态度具体化的过程。

（1）在改变现实自我、实现理想自我的过程中，大学生要面对现实，从实际出发，排除各种干扰，合理定位。在进取的过程中，努力培养自己坚强的意志品质，经得起打击且越挫越勇，从而做到自我的有效控制，最终实现理想自我。

（2）美国作家爱默生说："自信是成功的第一秘诀。"可以说，拥有自信就拥有无限机会。

大学生提高自信心的方法：

①多交心态积极的朋友，尤其是自信心很足的朋友，让自己在积极的环境中成长。

②不怕失败，多做，多行动，坚持到底就是成功。

③不断积极地自我暗示，如"我能""我行"等。

④努力提高自身的能力，能力有了，信心也就有了。

⑤积极参加体育锻炼，心态会变得阳光，有助于自信心的确立。

⑥目标细分。比如把人生的规划细分到10年目标、年目标、本月目标、本周目标、当日目标。

（四）不断地超越自我

认识自我、悦纳自我都是为了能实现对自我的超越。超越自我是每个大学生终身努力的方向。因此，无论对人对事，我们都要尽全力，使自己的能力得到最大限度的发挥。超越是一种境界，也是一个过程，一个"新我"的诞生需要付出艰辛的努力和沉重的代价。在这个世界上，我们每个人都是上帝的礼物，但你要成为什么样子的人，这却是你给上帝的礼物，这个礼物将由我们去创造，主动权在我们手里。

大学生自我意识的成长是一个漫长的过程，高校的学习阶段是自我意识发展的重要阶段。因此，高校要引导学生全面认识自我，积极悦纳自我，努力完善自我，从而提高大学生心理素质，实现高等教育的培养目标，使他们能够和谐、健康、全面地发展。

名人名言

也许个性中，没有比坚定的决定更重要的成分。一个人要成为有成

笔记区

就的人，或想日后在任何方面举足轻重，必须下定决心，不只要克服心理障碍，而且要在千百次的挫折和失败之后获胜。

——西奥多·罗斯福

第四节　大学生的自我意识与心理健康

自我意识的确立是大学生心理发展的重要标志之一，对大学生人格的形成、心理的发展起着极其重要的作用。大学阶段的自我意识是大学以前的自我意识的继续与深化，同时又有质的变化。这一时期，大学生自我意识从分化到矛盾，走向统一，对于人的一生都有特别重要的意义。

自我意识是人类特有的心理现象，是一个人在社会化过程中逐步形成和发展起来的，具有完整的、统一的自我意识，是大学生心理健康的重要条件和重要标志。一个人的心理发展历程一般都要经历从幼稚到成熟的过程，形成积极的自我意识是心理成熟的标志，对心理健康起着非常重要的作用。

（一）促进社会适应，健康学生心理

大量的心理学实践证明，许多人社会适应不良及人际关系不协调是由于自我意识不健全或不正确造成的。如果一个人对生理的自我、心理的自我和社会的自我认识、体验不正确，尤其是在自我评价及自我概念上与客观的现实差距太大时，就可造成社会适应不良和人际关系不协调，从而影响人的心理健康。正确的自我意识通过正确的自我评价产生合理的理想自我，并且通过正确认识自己与他人、个体与群体双方不同的地位和需要，采取不同的策略，主动调节人际关系，对己、对人能够知己知彼，从而保持良好的社会适应和人际关系，身心愉悦，心理健康。

（二）促进自我实现，提高心理品质

健全的自我意识通过合理的自我认识、良好的自我体验、自觉的自我调节和控制，促进自我实现，最大限度地挖掘自身心理潜力。按照心理学家马斯洛的观点：自我实现是心理最健康和心理质量最佳的标志。

（三）积极的自我意识是大学生成功的基础

自我意识与个人行为的关系极为密切，意识支配行为，行为反映意识，积极的自我意识对个人行为具有极大的推动作用，你把自己想象成什么人，你就有可能成为什么样的人。当现实的自我和理想的自我不能统一，或在理想的自我实现过程中受到挫折时，有积极自我意识的人能够自省，自觉地寻找其原因。一方面通过自我调节、控制，纠正心理偏差，努力缩小理想自我与现实自我的差距；另一方面重新调整认识，形成新的"理想自我"的内容，使自己的心理行为个体化与社会化协调、平衡、完善，从而取得成功。

> 知识窗

软糖实验

1960 年，美国斯坦福大学心理学家瓦特·米伽尔做了一个著名的"软糖实验"。实验的对象是斯坦福大学附属医院的孩子，该实验一直跟踪到他们高中毕业。

实验者将一群 4 岁左右的孩子带到一间房子里，发给他们每人一颗非常好吃的软糖，然后告诉他们：我有事情要出去一下，如果你们马上吃掉糖，只能吃 1 颗；如果坚持 20 分钟等我回来后再吃，将奖励 1 颗软糖，总共可以得到两颗软糖。有些孩子急不可待，马上把软糖吃掉；有些孩子犹豫再三，但最终还是把软糖送进了嘴里；另有一些孩子想尽各种办法让自己坚持下来（有的闭上眼睛不看软糖；有的将头埋入双臂之中，自言自语，玩弄自己的手脚等）。最终，这些孩子得到了两颗软糖。

实验之后，研究者进行了长达 14 年的追踪。结果显示：那些能等待并最后吃到两颗软糖的孩子，在青少年时期，仍能等待机遇而不急于求成，他们具有一种为了更大更远的目标而暂时牺牲眼前利益的能力，即自控能力。而那些急不可待只吃 1 颗软糖的孩子，在青少年时期，则表现得比较固执、虚荣或优柔寡断，当欲望产生的时候，无法控制自己，一定要马上满足欲望，否则就无法静下心来继续做后面的事情。换句话说，能等待的那些孩子的成功率，远远高于那些不能等待的孩子。

自我控制是自我意识的关键环节，成功的人大多有较高的自我控制能力，而缺乏自我控制能力是失败者的共同特征。

二、延伸阅读

认识你自己

周国平

一

一个灵魂在天外游荡，有一天通过某一对男女的交合而投进一个凡胎。他从懵懂无知开始，似乎完全忘记了自己的本来面目。但是，随着年岁和经历的增加，那天赋的性质渐渐显露，使他不自觉地对生活有一种基本的态度。在一定意义上，"认识你自己"就是要认识附着在凡胎上的这个灵魂，一旦认识了，过去的一切都有了解释，未来的一切都有了方向。

二

人人都在写自己的历史，但这历史缺乏细心的读者。我们没有工夫读自己的历史，即使读，也是读得何其草率。

三

"认识你自己！"——这是铭刻在希腊圣城德尔斐神殿上的著名箴言，希腊和后来的哲学家喜欢引用来规劝世人。对这句箴言可做三种理解。

笔记区

第一种理解是，人要有自知之明。这大约是箴言本来的意思，它传达了神对人的要求，就是人应该知道自己的限度。希腊人大抵也是这样理解的。有人问泰勒斯，什么是最困难之事，回答是："认识你自己。"接着的问题：什么是最容易之事？回答是："给别人提建议。"这位最早的哲人显然是在讽刺世人，世上有自知之明者寥寥无几，好为人师者比比皆是。看来苏格拉底领会了箴言的真谛，他认识自己的结果是知道自己一无所知，为此受到了德尔斐神谕的最高赞扬，被称作全希腊最智慧的人。

第二种理解是，每个人身上都藏着世界的秘密，因此，都可以通过认识自己来认识世界。在希腊哲学家中，好像只有晦涩哲人赫拉克利特接近了这个意思。他说："我探寻过我自己。"还说，他的哲学仅是"向自己学习"的产物。不说认识世界，至少就认识人性而言，每个人在自己身上的确都有着丰富的素材，可惜大多被浪费掉了。事实上，自古至今，一切伟大的人性认识者都是真诚的反省者，他们无情地把自己当作标本，借之反而对人性有了深刻而同情的理解。

第三种理解是，每个人都是一个独一无二的个体，都应该认识自己独特的禀赋和价值，从而实现自我，真正成为自己。这种理解最流行，我以前也常采用，但未必符合作为城邦动物的希腊人的实情，恐怕是文艺复兴以来的引申和发挥了。

四

在一定意义上，可以把"认识你自己"理解为认识你的最内在的自我，那个使你之所以成为你的核心和根源。认识了这个东西，你就心中有数了，知道怎样的生活才是合乎你的本性的，你究竟应该要什么和可以要什么了。

然而，最内在的自我必定也是最隐蔽的，怎样才能认识它呢？各种宗教有静修内观的功夫，对于一般人来说，那毕竟玄了一点。而且，内观的对象其实不是上述意义的自我，而是这自我背后的东西，例如，在佛教是空，在基督教是神。

我觉得我找到了一个认识自我的方便路径。事实上，我们平时做事和与人相处，那个最内在的自我始终是在表态的，只是往往不被我们留意罢了。那么，让我们留意，做什么事，与什么人相处，我们发自内心深处感到喜悦，或者相反，感到厌恶，那便是最内在的自我在表态。就此而论，知道自己最深刻的好恶就是认识自我，而一个人在这个世界上倘若有了自己真正钟爱的事和人，就可以算是在实现自我了。

(资料来源：http://blog.sina.com.cn/s/blog_471d6f680100bg3l.html)

三、观赏影片

窈窕淑女

《窈窕淑女》(My Fair Lady)是华纳兄弟影业于1964年出品的歌舞片，由乔治·库克执导，奥黛丽·赫本、雷克斯·哈里森、杰瑞米·布雷特等主演。该片获得包括最佳影片奖在内的奥斯卡8项大奖以及金球奖最佳导演奖、最佳男主角奖等二十余项大奖。

剧情简介：

卖花女伊莉莎·杜利特尔，长得眉清目秀，聪明伶俐，但出身寒微，家境贫寒。她每天到街头叫卖鲜花，赚点钱养活自己补贴父亲。一天，伊莉莎低俗的口音引起了语言学家希金斯教授的注意，教授夸口只要经过他的训练，卖花女也可以成为贵夫人。伊莉莎觉得教授说的话对她是一个机会，就主动上门要求教授训练她，并付学费。被嘲弄后，教授的朋友皮克林（为了成全伊莉莎）和他打赌，如果让伊莉莎以贵夫人的身份出席两个月后将举办的大使游园会而不被人识破真相，那么皮克林愿意承担一切试验费用和伊莉莎的学费，这激起了教授的斗志，希金斯欣然接受了挑战。他是不甘示弱的，他从最基本的字母发音开始教起。希金斯是个精力旺盛和讲究科学的学者，对每一件感兴趣的事都能废寝忘食。他胸怀坦荡、丝毫不怀任何恶意，但他又像孩子一样，毫不顾及他人的感情，对伊莉莎严加训练。

有一次，希金斯带伊莉莎去参加母亲的家宴时，年轻的绅士弗雷迪被伊莉莎的美貌和谈吐自若的神情深深打动，一见倾心，竟然丝毫也认不出她就是曾经在雨中向他叫卖的肮脏的卖花姑娘。希金斯已经40多岁，还未结婚，他从来看不上年轻姑娘，可在生活上竟然离不开伊莉莎了。他的衣服饮食和约会安排，全凭伊莉莎照料。

然而使伊莉莎气恼的是希金斯简单粗暴的脾气。他教她温文尔雅的用语，却从不用温文尔雅的态度对待她。

6个月后，希金斯满怀信心地带伊莉莎和皮克林一起出席希腊大使举办的招待会。伊莉莎是以皮克林上校和希金斯教授的远房亲戚的身份参加这次大使的招待会的，她全力以赴，谈笑自若，风度翩翩，光彩照人。当她出现并受到女王与王子的青睐后，人们停止了交谈，欣赏着她令人倾倒的仪态。她的待人接物圆熟而老练，而又恰到好处。希金斯的第一个学生尼波姆克为听出她的出身用尽看家本领与伊莉莎周旋，却被伊莉莎弄得晕头转向，失败而归。希金斯成功了，伊莉莎在招待会上光彩夺目！

四、练习与思考

1. 什么是自我意识？
2. 自我意识对大学生心理健康的作用有哪些？
3. 大学生自我意识完善的途径有哪些？

笔记区

第三章

增强沟通　学会交往

G1 感性导言

导 言

（背景音乐）

沟通是人与人之间、人与群体之间思想与感情的传递和反馈的过程，以求思想达成一致和感情的通畅。沟通的重要性对于每个社会人是不言而喻的，小到学校、家庭内部的沟通，大到企业、国家之间的相互交流，无疑都需要我们具备良好的沟通能力。作为21世纪的新青年，更要具备良好的沟通交往能力。

大学生正处于知识储备、人格形成、探索社会的重要时期，也是从未成熟到成熟、从校园步入社会，完成社会化任务的重要过渡阶段。然而很多人的人际交往能力令人担忧，人际关系状况不尽如人意，因为人际交往适应不良导致的恶性事件也屡见不鲜。因此，提高大学生的人际交往能力和改善人际交往状况势在必行。

在激烈竞争的社会发展中，人际交往能力将会日益凸显出它在大学生成长过程中的重要地位，它不仅关系到大学生的全面发展，而且关系到大学校园的整体稳定，关系到我们当前和谐社会的构建。

学习目标

本章运用体验式教学方法，让学生了解沟通的重要性，掌握正确的传递信息和交流沟通的方法，提高大学生的实际沟通能力，促进大学生与他人建立更和谐的人际关系。

名人名言

一个人的事业成功百分之八十五归功于他的人际关系与为人处世的能力，百分之十五源于才能。

——戴尔·卡耐基

G2 感人案例

案例一

一问一答两符号

雨果写完一本新书之后，将书稿投寄给一位出版商。稿子寄出很长一段时间没有回音，于是他在纸上画了一个很大的"？"寄给了出版社。

过了几天，出版社回信了，雨果拆开一看，上面也是一个字没有，只有一个"！"。

笔记区

他知道有希望了。

果然，他的著作《悲惨世界》不久后出版了，并大获成功。

 点评

1. 大学生要学会用巧妙的沟通方式来达到自己的沟通目的。
2. 简单明了的沟通，有助于提高沟通效率。
3. 说话不是目的，让别人听懂才是目的。

思考

1. 如何有针对性地进行沟通？
2. 在沟通的过程中，怎样才能做到言简意赅，有的放矢？

（资料来源：http://www.360doc.com/content/11/0310/12/3033222_99832363.shtml）

打破沉默的盐罐

在一艘轮船上，餐厅很狭窄，里面只有一张餐桌，所有就餐的客人都挤坐在一起，因彼此比较陌生，气氛比较尴尬。

突然，小王拿起放在面前的盐罐，微笑着递给右边的女士："我觉得青菜有点淡，您或者您右边的客人需要盐吗？"女士愣了一下，但马上露出了笑容，向他轻声道谢。她给自己的青菜加完盐后，便把盐罐传给了下一位客人。不知什么时候，胡椒罐和糖罐也加入了"公关"行列，餐厅里的气氛渐渐活跃了起来。饭还没吃完，全桌人已经像朋友一样谈笑风生了，他们中间的坚冰被一只盐罐轻而易举地打破了。

第二天分手的时候，他们热情地互相道别。这时，有人说："其实昨天的青菜一点也不淡。"大家都会心地笑了。

点评

1. 在人际交往中，只要人人迈出一小步，人际关系就会跨出一大步。
2. 在陌生人之间，一句温暖的话语也许就能拉近彼此间的距离。
3. 人与人之间的坚冰有时候并不像我们想象的那样坚不可摧。

思考

1. 在你的生活中是否经常会出现故事中的情境？
2. 当你面对这样的状况是否会去主动迈出小小的第一步？
3. 当你决定迈出第一步时，感受最深的是什么？

（资料来源：http://wenku.baidu.com/link？url＝H8Noucwpq4YkkQj0Qbp_bAThUeRcEp2qHdtu－ycziHgCGRqrQTcW_uld4qqm6NBLbj3GEK3_WjADvl68DZrjU4Aheab4coUyXRaqR9Qkmby）

G3 感动体验
体验活动名称：驿站传书

【活动目的】

（1）让学生通过体验了解沟通的重要性，掌握正确的传递信息和交流沟通的方法。

（2）让学生通过体验体会沟通中的组织障碍及控制，了解沟通的过程和要素。

（3）让学生通过体验意识到充分沟通对团队目标实现的重要意义，增强团队的合作精神。

【活动准备】

（1）秒表每组各1个。

（2）每组1张A4纸和1支黑色水笔。

（3）数字卡片若干张。

（4）每组助教1名。

【活动过程】

（1）指导教师课程体验活动导语（参考）：

中国是世界上最早建立组织传递信息的国家之一，邮驿历史长达3 000多年。

秦始皇统一中国后所设置的"十里一亭"，是乡以下以维持治安为主体的行政架构，用于实现国家的行政管理和治安职能，而在交通干线上的"亭"又兼有公文通信功能，被时人称为"邮亭"。这种"邮亭"就是秦代以步行递送的通信机构。

汉初"改邮为置"，即改人力步行递送为骑马快递，并规定"三十里一驿"，传递区间由春秋时的25公里扩大为150公里。为了扩大功能，满足国家管理的需要，汉代还逐步将单一置骑传送公文军情的"驿"，改造成为兼有迎送过往官员和专使职能的机构。到了开放的唐代，国际交流频繁，各国使节和官员公差往来大为增加，朝廷干脆改驿为馆驿，以突出其迎来送往的"馆舍"功能。在盛唐时，全国有馆驿1 643个，从事驿站工作的人员有2万多人，其中80%以上为被征召轮番服役的农民。

诗人杜牧曾写过"长安回望绣成堆，山顶千门次第开。一骑红尘妃子笑，无人知是荔枝来"的诗歌。这首脍炙人口的诗歌，讽刺唐玄宗为了爱吃鲜荔枝的杨贵妃，动用国家驿站运输系统，不惜国家财政的血本，从南方运送荔枝到长安，但从另一个侧面也反映了唐代信息沟通的流畅。

解放战争时期，信息传送最主要的方式是电报。有人还做了专门的统计，说毛泽东主席用了154封电报指导全国战斗取得了三大战役的胜利。由此可见，信息的沟通是多么的重要。

本次课程的体验活动——"驿站传书"。

笔记区

笔记区

驿站是中国古代供传递官府文书和军事情报的人或来往官员途中食宿、换马的场所。我们今天参与的每一位同学都好比一个驿站，但信息能否一站一站顺利地传递，需要小组内每个同学共同努力。同时，在本次活动中也不能使用语言来传递信息，只能像发电报一样，用数字来传递信息。每个小组是否建立了一个良好的沟通机制，不仅在体验活动中得以展现，而且也将是各个小组取胜的关键。

（2）活动规则：

①不准讲话。

②不准掉头。

③不准传递纸条。

④不准使用手机等通信工具。

⑤任何人不能离开自己的位置。

⑥后面同学的手不能越过前面同学的背部。

⑦前面同学的手不能越过自己的背部。

⑧信息传递中不能用手写字，只能像发电报一样，用手"点"，或者用手"拉、拽、拍、捏"。

⑨当信息传到最前面同学手中时，这位同学要迅速写下数字并举手示意，计时员以举手那一刻为截止时间。

⑩以小组为列，每一列的最后一位同学传递数字信息至第一位同学，传递正确且用时最少的小组获得胜利。

⑪凡小组中有人违规者就得重新开始。

（3）活动过程：

竞赛共分三轮：

第一轮是3个自然数组成的百位数；

第二轮是一个带有小数点的4位数；

第三轮是7个自然数。

第一轮开始前各小组有6分钟的讨论时间，以指定沟通密码方式或流程制度。

（4）指导教师发布口令：

①各小组面向讲台成一列纵队席地而坐，每两列之间间隔30~40厘米。

②助教给每组最前端的同学发放一支笔及一张A4纸，记录最后接收到的信息。

③助教给每组最后一名同学派发数字卡片并要求看清上面的数字信息（时间30秒）。

④指导教师发布开始的口令，助教开始记时。各组最后一名同学用事先约定的方法依次将数字传递给前面的伙伴，直到第一名同学。

⑤每组第一位同学将自己认为的数字写在事先准备好的纸上后举手，助教立即结束计时并上前收取信息，然后由最后一位组员大声读出卡片

上的信息，验证其内容是否正确并做好记录。

⑥第一轮待所有小组传输完毕，指导教师给每个小组 5 分钟的时间，讨论下一轮传递信息的方式。

⑦第二轮不得使用第一轮的传递方法。

重复第一轮①~⑥步骤。

待所有小组传输完毕，指导教师给每个小组 4 分钟的时间，讨论下一轮传递信息的方式。

⑧第三轮不得使用第一轮和第二轮的传递方法。

重复第一轮①~⑥步骤。

时间到。

（5）指导教师公布各小组体验活动成绩，得分最高的小组获胜。

友情提示

（1）活动中的第一轮如果不给学生沟通与讨论的时间，就有可能造成学生无法用统一的语言进行交流，活动无法开展。但它也从另一个侧面证明了沟通的重要性。对此，指导教师可根据实际情况灵活掌握利用。

（2）助教在记时的时候要特别注意，当每组第一位同学举手时应立即停止记时。

（3）竞赛中数字错得越少，分数越高；当数字错得同样多时，名次并列；数学符号与数字同时记错时，按 1∶2 计算，错一个数学符号等于错两个数字。

（4）竞赛中用时越少，分数越高。

背景音乐

（1）理查德·克莱德曼的《蓝色的爱》。

（2）久石让的《空中漫步》。

（3）林海的《琵琶语》。

G4 感悟分享

（1）指导教师体验活动感悟分享提示语（参考）：

每个驿站之间环环相扣，同学之间的沟通要非常明确清楚，如果在信息传递过程中出现错误就会直接导致失败，可见沟通是多么的重要。

①通过本次体验活动你对人际间的沟通有何新的感受？

②你和你的小组是如何完成本次任务的？

③通过本次体验活动你有哪些收获？

（2）指导老师要求学生以各小组为单位进行活动交流。

（3）由各小组推荐或自荐一名同学上台进行大组分享。

活动感悟（学生填写）

（1）

笔记区

笔记区

(2)

(3)

活动点评（学生记录）

(1)

(2)

(3)

心灵鸡汤

天堂与地狱

上帝对牧师说，他要让牧师去看一看天堂与地狱的差别。

上帝带牧师来到了地狱。中央摆放着一锅热腾腾的肉汤，一大群人围着锅坐着，个个都愁眉不展。原来，他们虽然每个人手里都拿着一把汤匙，但汤匙的柄太长，他们无法将汤送到嘴里。面前摆放着美食，他们却只能眼睁睁地望着，仍旧要饿肚子，怪不得一个个神情暗淡、愁眉苦脸。上帝又带牧师来到天堂。中央仍然是一锅热腾腾的肉汤，一大群人围着锅席地而坐。他们手中仍拿着长柄汤匙，可每个人脸上的表情却幸福而满足，他们在欢笑、唱歌，过得非常快乐。牧师迷惑不解，他问上帝，同样的食物，同样的条件，地狱的人们都在挨饿，处境悲惨，而天堂里人们却丰衣足食，过得很快乐，差别为何如此之大呢？上帝微笑着说："难道你没有看见，天堂里的人都在相互喂对方吗？"

原来，地狱里的人只想着怎样来喂自己，而长柄使他们无法做到，而天堂里的人彼此合作，他们用长柄汤匙舀上汤互相喂对方，于是大家都喝上了汤，这便是天堂与地狱的差别。

故事很简单，但却蕴涵着深刻的哲理。同样的条件，为什么一些人把它变成了天堂，而另一些人却成了地狱？原来，天堂和地狱并不遥远，它就在我们身边：团结协作就是天堂，自私利己就是地狱。

（资料来源：http://wenku.baidu.com/link?url=R7eds-ivbcsEOvq_ZysPT5IkqbHiXECJIB5VWcvC-qRM8fNnPppp1fwN1WSn_73kUBIeXyq7Lh_5YyWveSn_SXHQDXVE-Axv50Mknm3RKT5C）

G5 感奋践行

一、知识讲堂

大学生人际关系概述

人是生活在社会中的，离不开群体活动。马克思认为人的本质是社会关系的总和。对于每个大学生而言，上学期间是置身于一个班级、一个宿舍之中，毕业之后走上工作岗位是置身于一个单位组织之中，当然同时还要置身于一个家庭之中、置身于朋友圈中。总之，不管置身于哪个集体之中都要与人打交道、与人沟通。人际沟通既是每个大学生的正常心理需求，也是构建和谐人际关系的重要途径。因此，人际沟通能力对于大学生的健康成长、人生幸福和未来成就的大小都将起到非常重要的作用。

第一节　沟通的定义与要素

（一）沟通的定义

沟通是人与人之间、人与群体之间信息、思想与感情的传递和反馈的过程，以求思想达成一致和感情的通畅。

（二）沟通的三大要素

1. 沟通一定要有一个明确的目标

交流时大家有明确的目标才叫沟通。如果大家来了但没有目标，那么不是沟通，而是闲聊。沟通要有一个明确的目标，这是沟通最重要的前提。所以，当我们打算和别人沟通的时候，见面的一开始就应说明这次沟通的目的。沟通时说的第一句话要说出你要达到的目的，这是非常重要的，也是你的沟通技巧在行为上的一个表现。

2. 达成共同的协议

沟通结束以后一定要形成一个双方或者多方都共同承认的一个协议，只有形成了这个协议才叫作完成了一次沟通。如果没有达成协议，那么这也不能称之为沟通。沟通是否结束的标志就是：是否达成了一个协议。我们应该知道，在我们和别人沟通结束的时候，我们一定要用这样的话来总结：非常感谢你，通过刚才交流我们现在达成了这样的协议，你看是这样的一个协议吗？这是沟通技巧的一个非常重要的体现，就是在沟通结束的时候一定要有人来做总结，这是一个非常良好的沟通行为。

3. 沟通信息、思想和情感

沟通的内容不仅仅是信息还包括更加重要的思想和情感。那么信息、思想和情感哪一个更容易沟通呢？是信息。例如：天气预报说明天有雨，明早上要出操吗？这样的信息是非常容易沟通的。而思想和情感是不太容易沟通的。在我们学习和工作过程中，很多障碍使思想和情感无法得到一个很好的沟通。事实上我们在沟通过程中，传递更多的是彼此的思想，而信息并不是主要的沟通内容。

名人名言

一个人必须知道该说什么，一个人必须知道什么时候说，一个人必须知道对谁说，一个人必须知道怎么说。

——德鲁克

笔记区

第二节 沟通的技巧

(一) 微笑的力量

微笑是人际沟通的润滑剂，微笑是一个高妙的答语，它表示欣赏对方的盛情，表示领略，表示欢迎，表示歉意。微笑有时充满了神秘的作用。

成功学大师卡耐基曾讲述过一个故事，说的是一个学员尝试微笑的经验：

某证券交易所职员丹哈德靠买证券谋生。这个行业是个令人紧张的行业。丹哈德说：我结婚18年多，从起床到出门办事，很难得对妻子微笑，或说上三五句话。我曾经是在百老汇街上行走的一个脾气最坏的人。参加卡耐基课程后，因为要完成一个作业，为微笑的经验做一次演讲准备，我想我就试一个星期看看。

第二天早上，丹哈德看着镜子中自己沉闷的面孔，对自己说：丹哈德，你今天要一扫你的愁容，你要微笑，从现在开始。

吃早餐时，我向妻子招呼说：亲爱的，早。我说的时候微笑着。

卡耐基曾提示我，她或许会惊讶。可这对她反应的估计太低了，她简直迷惑了、惊呆了。我告诉她，将来这就是一件日常的事情。

我这样改变态度有两个月，这两个月中，我们家庭所得到的快乐，比去年一年中所有的还多。我不仅在家里尝试微笑，在路上，在办公的地方，在工作中遇到人时都试着微笑。不久我发觉，人人也都在对我微笑。我觉得在调解矛盾时采用微笑要容易成功得多，我觉得微笑每天都带给我许多财富。

有一个同办公室的年轻人说，他当初认识我时，以为我是个可怕的坏脾气的人，现在他改变了看法，他说我微笑的时候真慈祥。我学会了微笑的技巧，这改变了我的人生。我现在不但自己快乐，也给别人带来了快乐，因而我的生意也越来越好。

可见，微笑的力量是多么的惊人。微笑能使我们的人生有所改变，但现实生活中有很多人并没有认识到微笑的价值。微笑在处理人际关系时有很大的作用，因为它能让别人在和你交流的时候感到开心和愉悦。一个整天脸色阴沉或毫无表情的人，很难搞好人际关系，也很难受人欢迎。

英国伟大的戏剧家莎士比亚说："我宁愿让傻子逗我开心，也不要让一个精明的人令我伤悲。"微笑的人往往充满热情，为人友善，有爱心。甚至可以说微笑的表情胜过高贵的衣着打扮。

当我们初识某人，面带微笑，可以使气氛变得更加缓和，并且很快获得别人的好感。

当我们称赞别人时，加以微笑，将使称赞的效果更好，并使人感到真诚。

当我们批评别人时,加以微笑,可以使语气显得温和,更容易让对方接受。

(二) 倾听赢得成功

倾听是一种艺术。学会倾听我们就会赢得别人的好感和尊重,为事业的成功扫清障碍。卡耐基曾说:专心听别人讲话的态度,是我们所能给予别人的最大赞美。不管对朋友、亲人、上司、下属,倾听有同样的功效。

在与人沟通中,要学会专心致志倾听他人谈话,并且鼓励他人多谈论他自己,而不是自己滔滔不绝地说个没完。倾听给你带来的受益将会是多方面的,学会倾听可以改变你的人际关系。

我们知道,人们往往对自己的事更感兴趣,对自己的问题更关注,更喜欢自我表现。因此倾听可以使他人感受到被尊重和被欣赏。一旦有人专心倾听我们谈论我们自己时,就会感到自己被重视。

倾听能帮助我们更好地了解他人,有助于我们从他人那里获得更多的有用信息。如果一个推销员只顾自己一个劲儿地说产品如何如何的好,而不是善于倾听,那么他就无法很好地了解顾客。无法了解顾客,就不能很好地了解顾客的心理和需要,因此推销就不会取得好的成绩。一个成功的推销员说过:有效的推销是自己只说三分之一的话,把三分之二的话留给对方去说,然后倾听。倾听是你了解对方对产品的反映以及购买产品的顾虑、障碍等。只有当你真实地了解了他人,你的人际沟通才能有效率。

如果你只是在滔滔不绝地说,经常会出现凭自己的主观造成对别人的错误判断,这样便会造成人际沟通的障碍和困难,甚至冲突和矛盾。

倾听别人谈话能帮助对方化解压力,解决心理问题。比如有朋友遇到烦恼的事找你倾诉,你应该首先是做一个倾听者,然后在合适的时候帮助他找出问题所在。如果在交谈中还没有很好地了解对方的感受就大发议论,如"你应该这样"或"你的问题我认为没有什么大不了的"就很容易造成对他的伤害。朋友需要的可能只是你耐心的倾听,而不是听你大发议论。你的倾听本身就可以帮他解决问题。

(三) 幽默的神奇效果

幽默的作用是神奇的,它在人际沟通中的作用不可低估。美国著名的心理学家特鲁·赫伯说得好:"幽默,它是一种最有趣、最有感染力、最具有普遍意义的传递艺术。一个缺乏幽默感的人,他的一生中的困难最多,对自己对别人的伤害也最大……所以,不管你是谁都有一个共同的需要,把心智变成幽默来注入生活。"

幽默感是缓和冲突的良方,它能使你的成功之路更为平坦。具备幽默感的人往往人缘好,讨人喜欢。幽默往往是在诙谐、随意的谈吐中隐藏着智慧。

幽默能够让人发笑,但是,并非所有引人发笑的语言都是幽默的。

笔记区

笔记区

作家普里兹文曾经说过:"生活中没有哲学还可以应付过去,但是没有幽默则只有愚蠢的人才能生存。"幽默的语言可以将我们内心的紧张和压力,化作轻松的一笑。在人际沟通中,幽默语言就如同润滑剂,可有效地降低人与人之间的摩擦,化解冲突和矛盾,并能使我们从容地摆脱沟通中可能遇到的困境。

有这样一个故事。

据说《大不列颠百科全书》最初几版收纳"爱情"条目,用了5页的篇幅,内容非常具体。但到第14版之后这一条目却被删掉了,新增的"原子弹"条目占了与之相当的篇幅。有一位读者为此感到愤慨,责备编辑部藐视这种人类最美好的感情,而热衷于杀人的武器。对此,该书的总编辑约斯特非常幽默地给予了回答:"对于爱情,读百科全书不如亲身体验;而对于原子弹,亲身尝试不如读这本书好。"

这位总编辑的回答是很幽默的。这是因为它包含了很深的哲理,将爱情和原子弹进行比较,既回答了读者的质问,又表达了他和读者一样,渴望人类最美好的感情,而不是冰冷的原子弹的残酷的战争,具有睿智的说服力。

幽默的语言不在多少,也许三言两语就足够了。幽默不是长篇大论,也不是复杂的故事情节,而就是简简单单的几句话。由于幽默的这一特点,我们在沟通中使用这一技巧时,就应该用最简洁、最明了的语言表达出自己的意思,切忌拖泥带水。

(四)赞扬不可小视

成功学大师戴尔·卡耐基在他的《人性的弱点》一书中讲到了为人处世的基础技巧,除了"不要批评、不要指责、不要抱怨"以外,就是"表现出真诚的赞美和欣赏"。学会赞美可以让我们的人际关系变得融洽,可以让我们的人生变得与众不同,也会让世界变得温暖。所以要建立良好的人际关系,恰当地赞美别人是必不可少的,谁都喜欢被赞美。

我国清朝有一部《一笑》的书,里面记载了这样一则笑话:

古时有一个说客,当众夸口说:"小人虽不才,但极能奉承。平生有一愿,要将1 000顶高帽子戴给我最先遇到的1 000个人,现在已经送出999顶,只剩下最后一顶了。"一长者听后摇头说道:"我偏不信,你那最后一顶用什么方法也戴不到我的头上。"说客一听,忙拱手道:"先生说的极是,不才从南到北,闯了大半辈子,但像先生这样秉性刚直、不喜欢奉承的人,委实没有!"长者顿时捋着胡须,扬扬自得地说:"你真算得上是了解我的人啊!"听了这话,那位说客即哈哈大笑:"恭喜恭喜,我这最后一顶帽子刚好送给先生你了。"

这个笑话包含着深刻的寓意,它说明人们往往无法拒绝别人的赞美,同时也喜欢听到别人的赞美之词。赞美是对人的一种鼓励和肯定,可以起到激励他人的作用。

一般来说,我们每个人都喜欢得到别人的赞美。一旦被人赞美了,我们就会觉得自己得到了认可。总之，赞美是人们的一种心理需求，是对他人尊敬的一种表现。恰当地赞美别人，会赢得别人的好感，改善我们的人际关系。

第三节 完美沟通的三种姿态

（一）诚恳的姿态

拿破仑·希尔说："诚恳是一种特质，能带来自我的满足、自我尊重，是一天24小时都伴随我们的精神力量。"在人际交往中，诚恳可以收到良好的沟通效果。

我们在与人合作时，往往会遇到这样的问题：如果别人在你的身上花了时间、精力和金钱，那么他就会考虑你的动机是否真诚。比如，你为了集体的活动去拉一赞助，这时赞助方就会比较关心你的动机，了解你用这笔钱去做什么，是不是为了个人的某种利益等。要解决这样的问题，诚恳是最好的办法。你要努力向别人证明你的诚意，就要把你的诚意表现出来，取得对方的信任。

拿破仑·希尔讲述了这样一个故事：

马莎·贝利创办一所学校，让北乔治亚州贫民区、山区的儿童就读，可那些孩子的父母无力提供他们的学习费用。初期，学校的收支很难平衡，她努力筹措资金维持下去。后来她求见亨利·福特，说明学校的情景，请求福特捐一点钱，但他拒绝了。

"好吧！"贝利说，"那么请您给我一袋花生好吗？"

这项突兀的请求令福特无法拒绝，于是给了她买花生的钱。贝利小姐和学生们一起把花生种到土里，经过几次收获，累积了相当大的一笔钱。然后她带着钱又去见福特，说明她如何使他的小额捐款增加好几倍。

福特听后大为感动，并且捐助了足够的拖拉机及农场设备，帮助她的学校农场自给自足。

几年之内，他陆续捐助逾百万美元，用这些捐款建造的美丽石材建筑，迄今仍然矗立在校园内。

福特说："她的诚恳和别出心裁的募款方式，实在让我很感动。"马莎·贝利对于自己所做的事情具有足够的信心和诚意，她以实际行动说服了福特，从怀疑她、拒绝她进而帮助她。

可见真诚是多么重要，如果没有真诚的力量，福特恐怕就不会被感动，也就没有对学校的捐助行为。

（二）热忱的姿态

中国有句古训："精诚所至，金石为开。"说的就是热忱的力量。如果一个人对一件事有强烈的热忱，那就没有什么办不到的事情。

路易士·维克多·艾丁格被判无期徒刑，在亚利桑那州立监狱服刑。他没有朋友，也没有钱去请律师，但是他有满腔的热忱，并加以有效地运用，最终重获自由。

笔记区

笔记区

艾丁格写信给雷明顿打字机公司述说自己的境况，请求该公司以赊账的方式卖给他一台打字机。结果，该公司免费送给他一台打字机。

他写信给各公司行号，请他们提供促销文稿，由他打字之后再寄回给他们。他的工作非常有效率，赞助性的捐款很快累积到足以支付律师的费用。

由于律师的协助，使他获得特赦。当他走出监狱时，广告代理公司的老板见到他说："艾丁格，你的热忱比监狱的铁窗有力多了。"

成功未必取决于才能，但成功一定要有热忱。热忱是帮助我们战胜所有困难的强大力量，它使我们时刻保持清醒，使我们全身所有的神经都处于警醒状态，它激励我们去做我们内心渴望做的事，不达目的誓不罢休。

所以，在人际沟通中，热忱是很重要的。有了热忱你就会感染他人，就会获得他人的帮助，最终取得事业的成功。

（三）谦虚的姿态

谦虚，指虚心，不夸大自己的能力或价值；没有虚夸或自负；不鲁莽或不一意孤行。《诗·小雅·角弓》曰"莫肯下遗，式居娄骄"，郑玄笺曰："今王不以善政启小人之心，则无肯谦虚以礼相卑下，先人后己，用此居处，敛其骄慢之过者。"

谦虚的姿态是中华民族的传统美德，相传了几千年。孔子提出温良恭俭让，老子提出不敢为天下先，孔融让梨，蔺相如让功，尧舜禅让，霍去病匈奴未灭拒不受功，钱钟书淡泊名利。

当今社会，谦让仍然有其重要作用。它可以融洽人与人之间的关系，在许多场合如上车、就餐的时候等，谦让可以保持良好的秩序；在国际交往中，适度谦让可以减少他国的戒备心理，反而有利于树立良好形象，发展交好关系。

著名经济学家纳什关于经济的平衡论指出：在一个竞争群体中，所有竞争者只有为自己和共同竞争者谋求最好的利益结果时，那么竞争的结果才是最理想的。平衡论由于在金融、政治等各方面取得了重要作用而荣获诺贝尔经济学奖。事实证明，要使自己受益也同时使他人受益，离不开谦让的美德，也只有懂得谦让艺术的人，才能更好地达到这种效果，一个只知道"进取""为个人奋进"的人是很难被一个群体所接纳的。

春秋时期，孔子和他的学生们周游列国，在去晋国的路上，遇见一个七岁的孩子拦路，要他回答两个问题才让路。其一是："鹅的叫声为什么大？"孔子答道："鹅的脖子长，所以叫声大。"孩子说："青蛙的脖子很短，为什么叫声也很大呢？"孔子无言以对。他惭愧地对学生说："我不如他，我可以拜他为师啊！"

作为圣人的孔子可以拜七岁的孩子为师，那么作为凡人的我们该如何去做不是一目了然了吗？

谦虚是人际沟通中很重要的素质，可能有些人不是很重视它。谦虚也并非一件很容易的事，但谦虚一定会给人带来无限的智慧和力量。一个有追求的人，会觉得学问越做越深，真理之路越走越难，所以深信"满招损，谦受益"的道理。这个道理古今中外的认识似乎有共性，如《圣经》中耶稣说"虚心的人有福了，因为天国是他们的"，意思就是忠告世人要经常虚怀若谷。一个人的内心如果充满妄想和邪念，心理就会发生障碍而不接受他人的善言。一个人一旦处于骄狂心态之下，对事物的追求就会犹如有一堵墙挡住了他的出路，使他在自我封闭的圈子里自满。而且一个人一旦有了骄狂的态度，就容易招致他人的忌恨，四面楚歌，岂有不失败之理？

古圣先贤教导我们要"谦虚为怀"，并告诫我们"满招损，谦受益"。因此，在人际沟通中，我们要始终保持谦虚的姿态，但要注意谦虚的尺度，过分的谦虚和骄傲自大一样不可取。

二、扩展阅读

沟通不可复制，但可以学习

沟通是其参与者在不同的但是有所重叠的背景下，通过交换信息进而建立关系的过程。同时，关系的质量也会受到外在的、生理的和心理的因素所干扰。

我们为什么必须要沟通？

（1）我们是通过其他人在沟通中对我们的回应，建立自我认同的。

（2）沟通满足我们的社交需求。

（3）沟通是建立人际关系的最重要的方式。

（4）沟通是让他人依照我们的意图去做的最好工具。

也就是说，沟通有内容和关系两个维度。内容维度是指明确讨论的信息，关系维度用以表达出你对他人的感受。因此，有效的沟通必须包含能达成一定程度的个人目标，并且要能维持或增进与他人的关系。

当然，有效沟通的方法绝不只有一种，而是随着不同情境和关系不断变化的。而且，沟通能力是可以后天学习的。

沟通高手的特质：沟通时，拥有多样性的行为和表达方式，并能够挑选最恰当的行为，而且可以有效地表现沟通行为。沟通高手还会时刻关注沟通的状况、关注对方、关注信息。

沟通是为了自我认同

自我认同，就是你对自己所持有的稳定可靠的知觉，反映出你的情绪状态、天分、喜好、厌恶、价值观、社会角色等（可以理解为你的三观）。

自我认同的形成，离不开社会化。

一个从荒岛上长大的小孩，没有人跟他沟通，他就不可能知道自己有多聪明，也就不能形成自我认同。

笔记区

笔记区

　　日常生活中，从别人那里得到的信息告诉我们该如何看待自己。我们借着和别人比较来判断我们是优于别人还是劣于别人。这样的比较也决定了我们要和别人相同或不同。

　　自我认同的特征：自我认同是主观的，而且可能是扭曲的；自我认同抗拒改变，我们会一直坚持已有的自我认同。这种认知的保守主义会引导我们去寻找支持我们的自我认同的人做朋友。

　　正确地塑造自我认同：拥有真实的自我感，承认不完美的自己；拥有改变的意愿。

　　你不可能把自我全部展现出来，有一部分自我是"隐私的"。"展现的自我"是一个公开的形象，就是我们要别人看我们的方式。而区分这两种自我的边界就是社会规范。

　　在沟通中回应别人的行为，就是在建构他们的自我认同。能创造出自己想要的认同，顺畅地控制社交情境，是沟通能力的体现。

　　我们致力于建构多元认同，也就是在不同的关系中表现出多样的角色，转换着各种不同的行为，这种能力正是重要的沟通能力。

　　我们通过三种方式管理自我认同：举止、外貌和配备。事实上，如果没有沟通对象的表面特征可供参考，我们几乎无法有效沟通。

　　令人满意的沟通者，其实是懂得选择最适当的面貌（自我认同）来应对的人。

认知和沟通

　　人类自身的局限决定了我们不可能绝对全面地认知世界。人们对周围的事物进行认知，主要通过四个步骤：选择、组织、诠释和协商。

　　第一个步骤是我们从周围环境中选择一部分我们要注意的主题。

　　第二个步骤是我们使用自己特有的观念来组织我们所感知到的事物。我们会把人归纳为友善的、冷漠的、尖酸的等，这又进而塑造了我们与人沟通和理解别人的方式。

　　这种归纳很容易失真，例如你会以偏概全，认为"女人总是这样"。一个有效的方法是停止对别人的分类，认为对方是一个个体，而不属于你划分的某一类人。

　　此外，我们在对别人进行归类时，常会进行评判，例如老公指责老婆喜欢吹毛求疵，而老婆则抱怨老公和她渐行渐远。这些都会让双方产生沟通的障碍。

　　第三个步骤是诠释，即对别人行为的理解。我们在选择和组织我们的认知后，以某种方式对其加以诠释，使之具有特定的意义。

　　我们会根据交情深浅、过去的经验、对人类行为的假设以及我们自己的态度和期望等因素，对别人的行为进行诠释。

　　第四个步骤是协商，也就是将人际沟通视为故事的交换。共享的故事可以创造出顺畅的沟通。

　　在构造我们对周围的认知时，常常会出现这几种错误，以致影响了我们的认知：

（1）对人对己使用双重标准：在我们将行为赋予某种意义时，往往对人严厉，对己仁慈，过于强调别人的缺点。

（2）先入为主：我们很容易坚持对别人的第一印象或是对其外貌的印象，并贴上一个标签。这是不可避免的，但应该保持开放的心胸，愿意改变自己最初的判断。

（3）以己之心，度人之腹：我们要时刻提醒自己，别人的思考方式和我们是不相同的。

为了防止错误的认知阻碍我们的沟通，我们要时常核查自己的认知：一是客观描述观察到的行为；二是列出此行为至少两种可能的诠释；三是请求对方对行为的诠释做出澄清。

同理心和沟通

同理心是从别人的角度来体验世界，重新塑造自己看法的能力。

同理心包含三个方面：①认真的观察；②去感受别人的恐惧、喜乐、伤心等；③真诚地关心别人的福祉。

同理心和同情心不同。对别人有同理心后，你更加了解他们，但不见得会对他们产生同情。

建立同理心的方法，就是逐一尝试各个观点，包括：

立场一：我对你错。这是我们通常会采用的观点。

立场二：你对我错。尝试用最强有力的相反论点，用来解释对方为何会以相反的观点看待这个问题。找自己的缺点，并试着支持对方的立场，这需要适当的训练和相当程度的勇气。

立场三：双方都对或双方都错。承认了彼此的长处和弱点，进而让你意识到，这个问题并非是一个全对、全错的事件。

立场四：这个议题不重要。我们很容易为了争辩一个议题而越陷越深，以至于忘了双方观点的相似处，其实相对于双方的关系来说，这个议题并不是至关重要的。

立场五：以上四个立场都具有道理。当你意识到每一个立场都有些优点时，你就有了对别人的同理心，并因此改善了沟通的气氛。

情绪和沟通

了解和管理自己的情绪以及体察别人的情绪对沟通至关重要。

我们最普遍的问题是不会正确地表达自己的情绪。原因有很多，包括性格内向、传统东方文化的影响、社会规范的影响。

为了正确地表达你的情绪，你应该知道：

(1) 要能够辨认出自己的真实情绪。

(2) 当你感觉到自己的情绪后，并不一定要表达出来或有所行动。

(3) 人们会习惯性地淡化或低估自己的情绪。

(4) 有时对方会以一种暗示的方式表达情绪。

(5) 清楚地表示你的情绪只是在当前的特定情境之下，而不是针对

笔记区

笔记区

你和对方的整个关系，以免造成对方的误解。

（6）你所表达的情绪通常不是你唯一感受到的。例如，表达你的生气时，会忽略了在生气之前的困惑、失望、挫折、悲伤或尴尬。我们经常只表达其中一种情绪，而且是最负面的那种情绪。

（7）强烈情绪涌上的瞬间并不是说出口的最佳时机。选择最适宜表达这个信息的时机，三思而后言。

（8）如果你感觉到强烈的情绪，但是又不便口头表述出来，写出你的感受与想法，有利于心理和情绪的调适。

情绪可以分为有助益的情绪与无助益的情绪。有助益的情绪有助于提升效率。这两种情绪的差异是它们的强度和持续时间。

例如，某种程度的生气或恼怒可以是具有建设性的，因为它往往会提供让你改进不满意状态的刺激；但另一方面，盛怒通常会让事情更糟糕。

无助益情绪往往来自我们的错误观点，包括：

（1）完美的谬误：过于渴求别人的重视与欣赏，努力表现完美，不愿意承认自己的错误和流露不确定的感觉。

（2）赞同的谬误：认为得到别人的赞同是生活上不可或缺的事。

（3）应该的谬误：对世界期望过于完美，想太多的"本应该"。

（4）过度推论的谬误：例如，对别人或自己的缺点过度的夸大。

（5）因果论的谬误：当我们相信别人会引起我们的情绪时，因果论的谬误也会产生运作。

（6）无助的谬误：被迫害妄想症、杞人忧天的想法。

减少无助益情绪的方法是：要注意时刻辨认自己的无助益情绪，特别是在出现无助益情绪的时刻，要想出什么事件引发了你的情绪，然后去驳斥你可能出现的上面这几种非理性观点。

语言只是符号

我们沟通时所使用的语言，仅仅只是符号。很多时候，人们表达的意义已经远远超过其字面意思。

但是，语言却塑造了我们对周遭世界的知觉，以及影响我们对他人所持的态度。有时候，我们甚至会更愿意和与我们具有相同说话方式的人结盟。

为了更好地沟通，我们在口语表达中要尽量选择那些既权威又有礼貌的语言。

此外，删除三个语言上的不良习惯，可以大大减少不必要的沟通冲突：

一是事实与意见的混淆；

二是事实与推论的混淆，也就是不要在说话时去猜测别人的心思；

三是情绪性的语言：尽量用中性字眼来描述人、事物或想法。

这些词语可以让你的说话更委婉：用较不直接的字"这"来取代

"我"这个人称代名词。"但是"和疑问句的句型，可以较好地为对方保留颜面，避免过于直接的表达。

使用"你"字的陈述，会表达出对他人下论断，容易激起他人的戒心。而使用"我"字的陈述表明说话者愿意负起责任，是一种比较精确、不那么挑衅的方式来表达。

我们建议一种"我"字陈述法，包含有四个部分：①他人的行为；②你的诠释；③你的感受；④他人行为对你的后续影响。

例如，"当你在我们的朋友面前谈论到我很差劲的成绩（行为）时，我觉得很丢脸（感受）。我很怕他们会认为我很笨（诠释）。这也是我昨天晚上这么激动的原因（后续影响）"。

不过，"我"的句式可能有点以自我为中心，可以考虑用"我们"这个词代替，或者使用"我/我们"的结合体。这样可以让人感到亲近，还有种"我们同在一起"的倾向，符合沟通中人际关系的本质。

因此，在理想情况下，如果你使用"我"字句型没有反映出过度的自私，使用"你"字的语言展现出对他人的关怀而非评论，使用"我们"的语言来包括他人却又不代表他们的话，你可能接近了使用人称代词最理想的境界。

非语言的沟通

在沟通中，人们通过非语言途径可以呈现很多的信息，不仅包括肢体语言、姿势、面部表情等，还包含音量、语速、外貌、沟通的情境、彼此距离的远近、用了多少时间等。

非语言沟通在某种程度上，界定出我们想要与别人保持哪一种人际关系。

例如，当你在迎接一个人时，你可能会用力地挥手、打招呼、点头、微笑、拍拍他的背、给他一个拥抱，或是完全避免这些行为。

这取决于你们的关系，而这种关系会通过这些非语言的沟通表现出来。

此外，非语言沟通可以传递出那些我们不想或无法表达，甚至没有觉察到的情绪。

尽管男性跟女性在沟通的方式上差异很大，但两性在非语言沟通上的表现非常相似。

下面列举几种典型的非语言沟通方式：

（1）身体定向：你在谈话时，身体、脚、头部面对或背对别人的程度，反应了你对对方的态度。

（2）谈话时，你是紧张或放松的。

（3）手势作为一种沟通时的调节动作，会无意识地通过身体动作对环境做出回应。

（4）眼神：目光的接触或转移，表明了你对谈话的态度。

（5）触碰：触碰会增加好感之外，也会增加顺从的行为。

笔记区

(6) 外貌：包括生理上的吸引力和穿着打扮。

倾听更重要

就人际关系本身而言，"倾听"与"说"具有相等重要地位。

"倾听"很容易做到，可我们经常会心不在焉地倾听，即使是很重要的信息也有可能做不到认真倾听。听到是一个生理的过程，而专注则是一个心理的过程。

专注地倾听时，你会对信息做出回应，对说话者给予清楚的反馈。好的倾听者会使用非语言的行为来表达他们的专心，例如保持目光的接触、给予适当的脸部表情等，在语言行为方面，包括回应对方的问题、交换意见与想法等。

常见的无效倾听类型包括：

(1) 虚伪的倾听：外表上是很专注，却想着完全无关的事情。

(2) 自恋的倾听：会尝试将沟通的主题转移到他们有兴趣的事物上。

(3) 选择性的倾听：选择性倾听的人只会针对他们有兴趣的部分来做回应，而拒绝倾听其他的部分。

(4) 防卫性的倾听：总是认为别人所说的话都是在攻击自己。

(5) 迟钝的倾听：不会去寻找字面或行为背后的意义。

有很多原因使我们难以认真倾听，但根本原因是人类有能力在一分钟倾听600个字，但是通常人们在一分钟内只能说100到150个字。超负荷的信息、心不在焉、飞快的思想，都会让我们很难真正倾听他人。

一些具体的做法可以提升你的倾听质量：①少说话；②摆脱外在环境中分散我们注意力的因素；③不要过早地对别人的话做评断；④运用问话或短暂的沉默来鼓励对方多表达。

第一种有效倾听是在倾听时进行支持性的回应。这可以让对方感觉到你和他是在一起的。你的回应可以是表达同情心、同意、提供协助、赞美、帮助对方恢复信心等。

特别是在向说话者提问时，要确认已经了解对方所说的信息，要用你自己的措辞重述别人的观点而并不增添任何新东西。

有三种方法，可以让你的释义听起来更自然，包括：①改变说话者的措词；②从你所接收到的对方信息当中，抓出一个具体例子，来向说话者说明你所了解的程度；③反映说话者的潜在寓意。

有效的支持性回应有几个参考原则，包括：①对他人内心的挣扎提供支持，但不表达自己赞同或否定的想法；②观察对方对你的支持性回应；③要了解到支持也不是永远受欢迎的。

第二种有效倾听方法是分析式的回应。也就是倾听者针对说话者的说话内容加以解释。你应该遵循以下的原则：

(1) 在提出解释时，使用试探性的口气。

(2) 你提供的分析应该是合逻辑性、接近事实的。

(3) 确定对方的准备度足够，适合接受你的分析。

（4）确认自己提供分析的动机是基于协助，而非借此凸显自己聪明或显示对方差劲。

第三种是忠告式的回应。向对方提出解决的办法。不过它的效用并不如你所想的大。

（1）提出忠告以前，一定要确定你所依据的解决策略信息是正确的。

（2）问自己寻求你的忠告之人是否诚心愿意接受。

（3）当你所提出的建议行不通时，要确定接受你建议的人不会怪罪于你。

（4）用顾全面子的态度来传达忠告。

第四种是通过评断进行回应。不过在下列的两种状况下，评断才最有可能为人所接受：

（1）当别人向你寻求评价时你再提出自己的评价。

（2）提出评断时，你的动机应该是真诚、建设性的，而不是为了去奚落对方。

维持良好人际关系

我们选择和哪些人建立人际关系，受到很多因素的影响。第一个因素就是外貌，不过生理外表的因素只在关系建立初期起到较大的作用。

其次，我们喜欢跟与我们类似的人建立关系。但是，当差异具有互补性时，差异便可以增强一段关系。而且，我们会喜欢那些喜欢我们的人、那些聪明但不是太完美的人。

沟通中有很多关系性信息，包括亲切感、响应速度、尊重感、控制性（谁说最多话、谁打断了谁以及谁最常改变谈话主题等内容）。

人际关系按照开始、维持和结束的顺序，可以分为几个阶段：

（1）初始阶段：表现为寒暄而已，如握手、谈论天气，并且友善地表达情感。

（2）试验阶段："闲谈"成为这个阶段的主要沟通方式。

（3）强化阶段：双方接触增多，真正的人际关系才开始发展。

（4）整合阶段：当关系增强后，同伴会呈现一种集体认同。

（5）结合阶段：对外公开彼此的关系。

（6）分化阶段：关系中，开始从"我们"转向更重视"我"。

（7）停滞阶段：彼此沟通的方式过于陈旧，没有新鲜感。

（8）逃避阶段：当停滞阶段变得过分令人不愉快时，人们就会创造出一种在彼此之间的生理距离。

（9）结束阶段：最后阶段的象征，包括远离关系和想要分开的简要谈话。

我们在每段关系中都会不断地重复着这样的需求："抱紧我"——"放我下来"——"让我一个人"。而且，稳定是关系中重要的需求，但过多的稳定则会让人感到了无新意。沟通者要做的是为每段关系注入一些新奇的需求，使关系保持新鲜和有趣。

笔记区

笔记区

有助于维持关系的沟通包括：
(1) 保持礼貌而乐观的沟通，避免批评。
(2) 直接说出对于关系的看法，而且坦露自己的需要。
(3) 让别人知道他/她对你的重要性，你重视并投入这份关系中。

关系修复的方法包括：
(1) 讨论违规的行为："我做了什么让你觉得这么受伤？"
(2) 明确地承认自己的越界行为是错误的。
(3) 诚恳地道歉。
(4) 给以某种补偿。

一段关系中的气氛，取决于人们相信自己在其他人心中受重视的程度。

有三种方法表示你的重视：最基本的动作就是重视对方；"承认"别人的观点与感受，倾听大概是一种最普遍的"承认"途径；表示你同意他们的意见，且觉得这些意见是重要的。

自我坦露以表达亲密感

许多亲密关系呈现出四个向度：生理上、理性上、情感上和分享活动。特别是交换重要的感觉，分享个人的信息，可帮助创造亲近的感觉。

通常女人比男人更容易分享她们的想法和感觉，而男性则重视实质上的协助，男性对朋友下的定义是：能与你一起完成事情的人。

自我坦露是指郑重其事地透露与自己有关的信息的过程。这些信息是有意义的，而且通常是不为人所知的。最亲密的关系同时具有深度和广度的自我坦露。

自我坦露的好处：宣泄、自我澄清、管理自我认同、维持和增强关系。

在某些情境中自我坦露是非常困难的。此时，人们会使用常见的四个自我坦露的替代品：沉默、说谎、模棱两可和暗示。

（文章来源：微信公众号：kindle 电子书资源分享（ID：kindle008）网址：http://www.anyv.net/index.php/article-1320739）

三、观赏影片

千里走单骑

《千里走单骑》是 2005 年 10 月 22 日上映的一部电影，该片是导演张艺谋在《英雄》《十面埋伏》之后，精心拍摄的一部影片。由邹静之编剧，主要演员有高仓健、中井贵一、蒋雯等。该片讲述了一个父亲为了在儿子生命最后时刻表达自己的爱意和忏悔，走上一段自我心灵的救赎之旅。

剧情简介

该片讲述了一对日本父子，父亲高田冈一与儿子高田健一关系一直不好。父亲对此一直感到非常遗憾。健一的妻子告诉高田冈一，健一患了重病，高田冈一急忙赶去，健一却拒绝见父亲的面。

健一的妻子给了高田冈一一份录像带，录像中的健一在中国研究傩戏（片中日文汉字称为"假面剧"）。录像中，儿子与一位名叫李加民的民间艺术家约好第二年再来拍摄他最拿手的《千里走单骑》传统剧目。

后来，父亲了解到，儿子已经身患绝症。老人想为儿子做些什么，便决定只身一人前往中国，准备拍摄李加民所表演的傩戏。他认为这是儿子的心愿，一定要完成。然而，高田的中国之行并不顺利。

当旅行社的导游蒋雯陪同高田来到李家村的时候发现，李加民已经不在他原来的村里了，原因是有人嘲笑他有私生子的时候，他十分愤怒，打伤了人，被捕并被判徒刑三年。高田想要进入监狱去拍摄他，在日语水平和英语水平都比较糟糕的当地导游邱林和外事侨务办公室李彬主任等人的帮助下，最终成功来到了监狱，当高田来到李加民面前，小乐队开始演奏之时，李加民却因为想念从未见面的儿子，泣不成声，无法表演傩戏。高田便想回到村中寻找李加民的儿子，李的儿子对父亲无法接受，拒绝和高田一同去看望父亲。

最后，高田感到自己理解了儿子。他返回监狱的路上，得知了儿子健一去世的消息，并且得知在临终之前健一原谅了自己的父亲。不过他还是回到了监狱，为李加民展示了李的儿子的照片，并且和服刑人员一起在服刑人员活动室里观看、拍摄了精心准备的傩戏《千里走单骑》。

笔记区

四、练习与思考

1. 沟通有哪些要素？
2. 沟通的技巧有哪些？
3. 如何做到完美的沟通？

第四章

生命宝贵　呵护珍惜

第四章 生命宝贵 呵护珍惜

G1 感性导言

导 言

（背景音乐）

在历史的长河中，生命就像树上的一片叶子，从发芽到凋谢，瞬间而过，譬如朝露。叶子留给世界的仅仅是一丝绿意，人们能够记住叶子的也永远是这些。但叶子并没有因为自己的贫乏、人们的淡忘，而放弃生命的每一次机会，正因如此才有了精彩纷呈的世界，这就是生命的力量。

生命短暂，需要珍惜；生命脆弱，需要呵护。我们要接受与认识生命的意义，尊重与珍惜生命的价值，热爱与发展每个人独特的生命，并将自己的生命融入社会之中，树立起积极、健康、正确的生命观，珍惜生命，敬畏生命，热爱生活。

学习目标

本章通过生命教育体验，使大学生明确生命的宝贵与意义，从而创造属于自己的生命精彩，让世界因自己而美丽；帮助大学生树立正确的生命观，用感恩的心去面对生命，用积极的人生态度去珍惜当下的拥有。

名人名言

生命究竟有没有意义，并非我的责任，但怎样安排此生却是我的责任。

——赫塞

死如同生一样，是人类存在、成长及发展的一部分，它赋予人类存在的意义，它给我们今生的时间规定界线，催迫我们在我们能够使用的那段时间里，做一番创造性的事业。

——萝丝

G2 感人案例

案例一

最好的礼物

有位老人得了癌症，当医生告诉他这个消息时，他很平静地面带笑容地说，我很感谢上帝让我得了癌症。医生非常吃惊，说："你得了癌症，不怨天尤人、惊慌失措，已很难得，为什么还要说感谢的话呢？"老人说："到了我这个年纪，死亡就是我的邻居了，随时都可能来敲我的

笔记区

笔记区

门。如果我得了脑溢血或是心肌梗死,我很可能一句话也来不及说就死了,那样我的亲人接受起来会很困难,而且我还有很多要交代的事也都没了着落。现在,我得了癌症,我有充足的时间和亲人告别,也能把该办的事情认认真真地办完,即使办不完的话,也会有一个很好的交代。"

当死亡一定要来的时候,还有什么比这种方式更能令人安心呢?这就是我人生中上帝给予的最好的礼物。

 点评

1. 一切都是最好的安排,这与祸福无关。
2. 只知道埋怨命运的人,永远活在地狱之中。

 思考

这个故事让你明白了什么?

(资料来源:http://tieba.baidu.com/p/205026137)

案例二

生命的最后一支歌

清晨的公园里,一个患有癌症的男孩在轻声歌唱,他歌唱生命。尽管他剩下的时间不多了,但他不自卑,他不相信世上存在着永恒。他认为没有一样东西是永恒的,生命,也是一样的。"人总是要死的!"他常常自我安慰。公园的那一头,有一个女孩如身后桃花的飘落般翩翩起舞。

这天,男孩无聊地在闲逛。忽然,他闻到一阵扑鼻的花香,这花香吸引着他来到了一棵桃树下,他看到了那女孩正在跳舞的女孩。男孩没打断她,一直在旁边静静地等她跳完。"你跳得真好,如你身后的桃花。""谢谢!"女孩羞答答地抬起头说道。这时,男孩看清了她的脸:一张美丽的面孔上镶着两颗无神的眼珠。男孩大吃一惊:"你是盲女?"这句话一出口,男孩就后悔了,他知道他说了一句不该说的话。"哦……对不起,我不是有意的。""没事。"女孩似乎很轻松……

就这样,他们认识了。他们相约在黄昏时分来到这儿,男孩唱歌,女孩伴舞。

这样的日子过了很久,直到那一天。"桃花真美,像你一样。"男孩无意中说道。"可惜我看不到。"女孩说着低下了头。"对不起。"男孩的心如一阵刀绞似的痛,他知道他又一次刺痛了女孩的心,尽管她不在意。一种强烈的欲望从男孩心中升起……

又过了几天,女孩兴奋地告诉男孩,有人愿意献出眼球了,她将看见光明,看见这美丽的花花世界了。男孩由衷地笑了。

这一天的黄昏似乎更早到来,男孩对女孩说了很多:"曾经我不相信永恒,但我现在明白世上存在永恒,那便是友情。我要走了,永远都不回来了,我将永远珍藏我们的友谊。"说完,男孩唱起了生命里的最后一支歌,女孩依旧为他伴舞,但是带着一串泪珠……

男孩走了，走得那么轻松，没有遗憾，他把生命里的最后一支歌献给了她，他无悔。女孩的手术非常成功，她看见了万物，也知道了真相。她来到了公园，奇怪的是今年的桃花没有开。女孩的眼眶模糊了，一滴泪从她的脸颊落下，夕阳中，她似乎听见了男孩唱起的那一支歌……

点评

1. 生命的意义在于奉献，在于给予。
2. 生命是短暂的，但是我们可以活得灿烂。

思考

你了解器官捐献吗？

（资料来源：http://www.jnocnews.jp/news/show.aspx?id=32114）

G3 感动体验
体验活动名称：临终遗言

【活动目的】

（1）学生通过活动体验人生短暂，从而正视自己的生命，提高自己的人生价值。

（2）学生通过活动体验理解生命的有限与脆弱，促进其对自我生命的警醒和对他人生命的爱护与珍惜。

（3）学生通过丧失体验学会珍惜与拥有，让生命无悔，让人生出彩。

【活动准备】

（1）每人一张A4纸。
（2）学生每人一支黑色或蓝色水笔。
（3）班得瑞轻音乐视频《仙境》。
（4）纸巾一盒。
（5）室内要备有窗帘。
（6）助教一名。

【活动过程】

（1）指导教师播放班得瑞的音乐视频《仙境》供学生们欣赏和放松。两分钟后音乐停！

（2）在背景音乐声中，指导教师请同学们闭上眼睛，然后开始课程体验活动导语（参考）：

亲爱的同学们，我们去外地旅游的飞机就要起飞了，请大家检查一下随身的行李并系好安全带……

飞机开始进入跑道，滑翔，起飞。

我们现在只能看见飞机场周边的建筑。

随着飞机慢慢上升，我们看见的东西就越来越多，这些东西也显得越来越小。马路就像一条条小溪，树木就像小草，马路上来来往往的车辆就像一个个小蚂蚁在搬家。

笔记区

笔记区

飞机上升很快，我们看见了窗外的白云，形状千姿百态……

又过了一会儿，飞机穿过了云层在云彩的上空飞行，胜景开始出现了：波涛汹涌的云层上面，是一碧如洗的天空，蓝得醉人，蓝得纯粹，且宁静而开阔。

坐在宽敞舒适的机舱里观赏云端里的景色真惬意啊！

突然，飞机产生了震动，像个咯血的肺结核病人一样连续抖动，颠簸得非常厉害。广播里传来机长的声音。他通知大家说飞机发生了严重的机械故障，正在紧急排除。但为了预防最危急的情况，现在将由乘务小姐分发纸笔，你有什么最后的遗言要向家人交代，请留在纸上。一切要尽快，乘务小姐会在五分钟后收取大家的纸条，然后统一密闭在特制的匣子里。这样，即便飞机坠毁，遗言也可完整保存下来。按照飞机现行的飞行高度，在完全失去动力的情况下，飞机只能滑翔很短的时间……

现在，请大家睁开眼睛，面对着即将可能逝去的生命，留下自己的遗言。

（3）助教以小组为单位分发纸和笔。

（教室安静，只听见沙沙的落笔声。）

五分钟时间到！

友情提示

（1）学生入座时要坐开些，不能紧挨着，以避免互相干扰。

（2）对个别情绪失控的学生，助教要加以安抚和帮助（此活动必须配助教）。

（3）在整个体验活动中要保持安静，指导老师不宜随意走动。

（4）光线太强时，可拉上窗帘。

背景音乐

（1）《G大调的悲伤》。

（2）钢琴曲《tomorrow 哀伤之音》。

（3）《悲情》。

G4 感悟分享

（1）指导教师体验活动感悟分享提示语（参考）：

有的同学会说：我才20岁，死，对我来说远着呢。是的，对年轻人而言，谈论死亡这个话题似乎早了一点，但我认为这是一个客观存在，也是每一个人都不可回避的问题。从某种意义上讲，我们的生命就是一个向着死亡的存在，只是每个人的终点不同而已。很多人都知道这个终点的必然，但却从未想过在奔向终点的路上，如何让自己的人生多点完美，少些缺憾，让我们的生命增加点宽度与厚度，让人生变得更有意义。

古人曰："人之将死，其言也善。"请同学们仔细看一看，读一读，自己给自己留下的这份遗书，你有了哪些忠告、悔悟和觉醒。当你面对死亡而不惧怕的时候，你的人生将变得坦然与轻松，这是许多人做梦都在想的事。所以，请同学们一定要好好收藏这份遗书。

①在突然而至的死亡面前，你最想说的话是什么？
②在突然而至的死亡面前，你最想见到的人是谁？为什么？
③本次体验活动使人的内心跌宕起伏，你的感悟是什么？
（2）学生以各小组为单位进行活动交流。
（3）由各小组推荐或自荐一名同学上台进行大组分享。

活动感悟（学生填写）
（1）
（2）
（3）

活动点评（学生记录）
（1）
（2）
（3）

笔记区

G5 感奋践行

一、知识讲堂

大学生生命教育与危机应对

有人说："生命原本是一座大花园，每个人都是花园中的一朵，每个季节，不同的花朵以自己的方式盛开或凋零。"生命如花，花开花落，实际上昭示了一个人生死的过程。一朵花的衰荣，恰如一个浓缩的人生。千姿百态的花儿犹如千姿百态的性格的人点缀着这美丽的世界，世界由此而精彩。

如果把花开的过程看成是一场人生旅程，那么"人生苦短"就是古人的感慨。我们每个人都在岁月的流逝中绽放着，以坚韧不拔的精神、宽广豁达的胸怀与命运搏击，以宽容平和的心善待周遭。有的花开得艰辛，起伏如波峰浪谷；有的花开得简单，淡如一篇含蓄的散文。人生热烈或淡泊并不重要，重要的是我们曾经绽放过。

第一节 生命与死亡

（一）生命的内涵

1. 什么是生命

根据人类的约定俗成，有机生命简称为生命。一般人也不难区分什么东西是有生命的，什么东西是没有生命的。但给生命下一个科学的定义却是千百年来的一个困难问题，迄今也没有解决。

生命，《现代汉语词典》给出的解释是生物体所具有的活动能力。百度百科的解释是，生命，泛指一切具有稳定的物质和能量代谢现象，能回应刺激、能进行繁殖的半开放物质系统。生命个体通常都要经历出生、成长和死亡。由于生命的复杂性，使得生命没有一个准确定义，只能抓住生命本质的复杂性去定义生命。

人的生命，是人的生理、心理、社会属性的复杂的统一体，分为生理生命、心理生命、社会生命。

生理生命主要包括：新陈代谢、生长、发育、遗传、变异、感应、运动等。生长和发育是生命的基本过程，而新陈代谢则是生命的最基本的过程，是其他一切生命现象的基础。

心理生命是指人的心理生命，也是人的精神生命。心理生命使人超越了人的生理生命，使人与动物区别了开来。

社会生命是指人生命的存在是一种社会关系存在。

生命的这三个部分并不是完全独立的，而是紧密地联系在一起，共存于一个生命体中，作用于人整个的生命活动过程之中。

2. 生命的属性

（1）唯一性。任何一个生命体都是独一无二的，具有其先天的独有属性，彼此之间是不可替换的。

（2）全程性。从生命的原点出发，伴随生命始终，决定了个体生长、发育乃至生命活动的全过程，并且这个过程是不可逆转的，具有单向性。所有人死了就不能复生。

（3）不平衡性。没有一个生命体的各系统能量是完全平衡的，生命体的四元素的平衡状态是无限倾向于平衡，但无法持续保持绝对平衡。所以说，世界上唯一不变的是改变。

（4）自律平衡性。它是生命体的生理功能、结构形态、个性气质、能量气血等方面相对稳定的个体生命特征。每个人都有不同的"生命属性"，又受限于自身的"生命属性"。就如塑料材质不可用来造烧饭的锅，没有音乐天赋的人再用功也成不了歌唱家。人的发展不能打破生命体自身平衡，要根据各自的"生命属性"各取所需，不强求与他人保持一致，否则将损伤自身。

（5）无常性。生命不仅是有限的，而且也是无常的，生老病死，不可预测。

3. 生命的价值和意义

（1）生命的价值：

人的生命价值具有两个特征：

第一个特征：人既是生命的主体，也是生命的客体。

第二个特征：人的生命可以创造出高于自己生命的价值。

(2) 生命的意义

生命的意义是一个解构人类存在的目的与意义的大问题。它通过许多相关问题体现出来，例如："我为何在此？""什么是生命？""生命的真谛是什么？"在历史长河中，它也是哲学、科学以及神学一直所思索的主题。阿尔贝·加缪指出，作为一个存在的人，人类用生命的价值和意义来说服自己：人的存在不是荒诞的。

卢梭曾经说过，生命本身没有任何价值，它的价值在于怎样使用它。所以，作为当代的大学生，人生的价值和意义就是要"志存高远，增长知识，锤炼意志，让青春在时代进步中焕发出绚丽的光彩"。

(二) 理解死亡

理解生命和理解死亡是相辅相成的。理解死亡方知人生有限，才可能认真考虑人生价值。忌讳谈死亡是中国的不当习俗，它给人们带来的是愚昧，并导致对生命的不珍惜。

理解死亡的目的不只是智慧地对待死亡，更重要的是怎样活得更好，更有价值。

1. 死亡概念

死亡，是指丧失生命，不继续生存。生物医学、社会学和心理学都有着自己对生命的理解。

在生物医学上，过去人们习惯把呼吸、心脏功能的永久性停止作为死亡标志。但由于医疗技术的进步，心肺复苏术的普及，一些新问题产生了，它们冲击着人们对死亡的认识。患者脑死亡，自发呼吸停止后，仍能靠人工呼吸等措施在一定时间内维持全身的血液循环和除脑以外的各器官的机能活动。这就出现了"活的躯体，死的脑"这种反常现象。众所周知，脑是机体的统帅，是人类生存不可缺少的器官。一旦脑的功能永久性停止，个体的一生也就终结。这就产生了关于"死亡"概念更新的问题。"脑死亡"的概念逐渐被人们所接受。

医学界把脑干死亡 12 小时判断为死亡。

社会学认为，死亡是指人类有意义生命的消失，没有思想、没有感觉。

心理学认为，死亡是指个体心理活动的停止，没有感觉、没有知觉、没有意识，也没有行为。

2. 死亡的特性

死亡的必然性。凡是生命，有始也必然有终。

死亡的不可抗拒性。死亡来临时，所有人都无法逃避，由不得人选择。

死亡的偶然性。主要是指由于突发的意外事件导致的死亡，如地震、空难、水灾等。

3. 死亡的价值和意义

死亡是有价值的。

笔记区

笔记区

"死亡告诉人们，人的生命不是一条没有终点的、无限延长的射线，而是一条有始有终的线段。一个人只有面对死亡的时候，才真正地出生了。"

死亡的意义：

（1）死亡的存在，可以让人们意识到生命的有限与脆弱，警示人们珍惜生命中的每一天。恰如《钢铁是怎样炼成的》中的主人公保尔·柯察金所说，人的一生应该是这样度过的：当他回首往事的时候，他不会因为虚度年华而悔恨，也不会因为碌碌无为而羞耻。

（2）死亡的存在，使我们能够拥有更健康的人生观。健康，不仅仅指生理健康，还应包括心理健康。一个"健康"的人，应该是既有强壮的身体，又有乐观的精神、平和的心态的全面健康的人。从某种意义上说，心理健康更重要。一个人只有树立健康的思想观念，培养健康的道德素质、人格心理、行为模式，他才能健康成长。否则，他就有可能走上邪路，甚至最后自残直至自我毁灭。所以，我们不仅要生活，更要健康地生活。

（3）死亡的存在，需要我们拥有更好的人生态度。世界上同样一件事情，在积极心态者眼里，总是充满着希望和机遇，而在消极心态者眼里，却是弥漫着失望和烦恼。一个人的出生是无法选择的，但是人生道路却是掌握在自己手里的，俗话说，生而贫困不足以羞耻，死而贫困才是羞耻。所以，不同的人生态度，决定着不同的人生。

心灵鸡汤

热爱生活

生活就是一只果盘，我们就是那拿果盘的人，总想装回收获，却经常无功而返。生活给人的诱惑实在太多，又不断地打击着急于索取者的积极性。

人们常常羡慕功成名就、百事百顺的人，认为他们是生活中的成功者，认为只有这些得到生活回报的人才会对生活充满感激，充满信心和激情。其实，真正懂得生活的人，对生活充满爱意的人，是那些在生活中遭遇挫折和不幸的人；是那些深知生活在世上，有快乐就有悲伤，有成功就有失败，有苦涩就有甘甜的人；是那些对生活没有过多奢求而认认真真生活的人；是那些把生活本身当作幸福的人。

让我们热爱生活，不论从生活中得到多少。让我们因热爱而创造生活，不论是由自己还是他人享受。让我们试着理解弗里德里希·尼采的这句话："生活的收获是生活。"

（资料来源：http://baike.baidu.com/view/2647203.htm？fr=aladdin）

（三）认识生命与死亡的意义

地球上最宝贵的是生命，世界因生命的存在而变得如此生动和精彩，每种生命都有其存在的意义和价值，各种生命息息相关。

1. 提高对生命的认识，尊重生命

地球上有 200 多万种生物，都具有相同的基因构造与原理，但却因组合不同而成为不同的生命体。也就是说，决不会有两个完全相同的生命体，这也是为什么世界上没有两张完全相同的脸之缘故。作为人的生命体出现，会有 70 兆组的组合方式。也就是说每个人都是在 70 兆组的可能性中被挑选出来的。所以，世界上没有完全相同的两个人，这不仅表现在相貌上，也表现在人的能力、个性等方面。

作为人，每一个个体都是独特的，生命对谁来讲都不是永恒，都应当得到尊重。尊重生命首先要尊重自己，珍惜自己，不浪费时间，不伤害自己；其次，每个生命都是平等的，没有高低贵贱之分，我们要关爱所有的生灵，与他们和谐相处。

2. 认识生命的价值，珍爱生命

每个生命都是有价值的。我们能够做许许多多有益的事情。我们能够为别人带去快乐，为社会创造财富，当国家遇到危难或他人遇到危险的时候我们会挺身而出。所以，我们要珍爱生命，当生命受到威胁时，我们不轻言放弃；当生命遭遇困境时，我们要勇敢面对；当生命不再完美时，我们依然要肯定和悦纳生命，永远不要对自己说"不"，因为每个人的生命只有一次。人生短暂，生命弥足珍贵，大学生们千万不能浪费。

3. 理解生命的意义，超越生命

生命的意义不在于长短，而在于内涵。我们不仅要珍爱自己的生命，也要善待别人的生命。我们生命的存在能够给他人带来欢乐、为他人减轻痛苦、为国家和社会做出贡献，就是我们生命的价值所在。只有为国家、社会和他人做出贡献，生命的价值才得以提升、延伸，这样的人生才是无悔的人生。

2005 年 7 月 12 日 5 时 12 分，黑龙江省阿城电视台优秀女记者阎阿红停止了呼吸，安详地闭上了双眼。7 时 15 分，黑龙江省眼库的医生根据她的遗愿摘下了她的两片眼角膜，分别移植给了一名年轻的大学生和一位在黑暗中摸索了 40 年的老人，让二人重见光明。9 年后，当这位老人去世时，这只眼角膜又让另一位在灰雾中摸索了五十余年的老人看到了自己的女儿，认清了眼前的世界。阎阿红已经去世 9 年了，可她的眼睛还亮着，它点燃了两位老人的慈爱目光，照亮了一位年轻人的辉煌前程。她的精神将永驻人间，照亮着我们的心灵。借用诗人臧克家的诗为证：

有的人

有的人活着，他已经死了；
有的人死了，他还活着。
有的人，骑在人民头上：

笔记区

笔记区

"呵，我多伟大！"
有的人，俯下身子给人民当牛马。
有的人，把名字刻入石头想"不朽"；
有的人，情愿做野草，等着地下的火烧。
有的人，他活着别人就不能活；
有的人，他活着为了多数人更好地活。
……

第二节　心理危机干预

心理危机，是指由于突然遭受严重灾难、重大生活事件或精神压力，使生活状况发生明显的变化，尤其是出现了用现有的生活条件和经验难以克服的困难，以致使当事人陷于痛苦、不安状态，常伴有绝望、麻木不仁、焦虑，以及植物神经症状和行为障碍。心理危机干预是指对处于心理危机状态的个人及时给予适当的心理援助，使之尽快摆脱困难。

了解与研究心理危机干预是为了进一步加强心理健康教育工作，防患未然，把可能的危机化解在萌芽状态，有效预防校园心理危机事件的发生，提高大学生心理健康的水平，维护校园的安定与和谐。

（一）发生心理危机的原因

发生心理危机的常见原因主要有：

(1) 突发性残废或突发性严重疾病。
(2) 恋爱关系破裂。
(3) 突然失去亲人或朋友，如亲人或朋友突然死亡或关系破裂。
(4) 失去重要的爱物。
(5) 重要考试失败或求职失败。
(6) 突遇严重自然灾害，如火灾、洪水、地震等。

（二）心理危机预警的对象

存在心理危机倾向与处于心理危机状态的学生是我们关注与干预的对象。确定对象存在心理危机一般指对象存在具有重大影响的生活事件，情绪剧烈波动或认知、躯体以及行为方面有较大改变，且用平常解决问题的方法暂时不能应对或无法应对眼前的危机。

对存在下列因素之一的学生，应作为心理危机干预的高危个体予以特别关注：

(1) 在心理健康测评中筛查出来的有心理障碍、心理疾病、自杀倾向的学生。

(2) 遭遇突然打击和受到意外刺激后出现心理或行为异常的学生，如家庭发生重大变故、身体发现严重疾病、遭遇性危机、感情受挫、受辱、受惊吓、与他人发生严重人际冲突后出现心理或行为异常的学生。

(3) 学习压力、就业压力特别大以及严重环境适应不良出现心理或行为异常的学生。

（4）因严重网络成瘾行为而影响其学习及社会功能的学生。

（5）性格内向、经济严重贫困且出现心理或行为异常的学生。

（6）有严重心理疾病（抑郁症、恐怖症、强迫症、癔症、焦虑症、精神分裂症、情感性精神病等）且出现心理或行为异常的学生。

（7）对近期发出下列警示讯号的学生，应作为心理危机干预的重点对象及时进行危机评估与干预：

◆谈论过自杀并考虑过自杀方法，包括在信件、日记、图画或乱涂乱画的只言片语中流露死亡的念头者。

◆不明原因突然给同学、朋友或家人送礼物、请客、赔礼道歉、无端致以祝福、诉说告别的话等行为明显改变者。

◆情绪突然明显异常者，如特别烦躁、高度焦虑、恐惧，易感情冲动，情绪异常低落，或情绪突然从低落变为平静，或饮食睡眠受到严重影响等。

（三）心理危机预警机制

1. 建立班级、院系、学校三级预警系统

（1）一级预警：班级。充分发挥班级学生干部、学生党团员的骨干作用，关心同学，广泛联系同学，通过多种方式，加强思想和感情上的联系与沟通，了解同学的思想动态和心态，一旦发生异常情况，及时向辅导员、班主任报告。建议设立班级心理委员或信息员。

（2）二级预警：院系。院系党政领导、辅导员及教师要关爱学生，密切关注学生异常心理、行为，学生社团干部、班主任、班导师要有针对性地与学生谈话，帮助学生解决心理困惑，对重要情况，要立即向有关领导、有关部门报告，并在专家指导下及时对学生进行快捷、有序的干预。

（3）三级预警：学校。学校应认真开展大学生心理健康测评，建立大学生心理健康档案，筛查出需要主动干预的对象并采取相应措施。学校心理咨询人员要牢牢树立心理危机干预及自杀预防意识，在心理辅导或咨询过程中，如发现处于危机状态需要立即干预的学生，应当及时采取相应的干预措施。

（四）心理危机干预措施

1. 对有严重心理障碍或心理疾病学生的干预措施

（1）对有严重心理障碍或心理疾病的学生，学校须请专业精神卫生机构或专家对学生的心理健康状况进行评估或会诊，并提供书面意见。

（2）如评估某学生可以在学校边学习边治疗，学校须密切注意该生情况，开展跟踪咨询，及时提供心理辅导，必要时进行专家会诊、复诊。

（3）如果经评估某生回家休养并配合药物治疗有利于其心理康复，学校须派专人监护，确保其人身安全后，通知学生家长将其带回家休养治疗。

（4）如果经评估某生住院治疗有利于其心理康复，学校须及时通知该生家长将其送至专业精神卫生机构治疗。

2. 对有自杀意念学生的干预措施

发现或知晓学生有自杀意念，即其近期有实施自杀的想法和念头，要密切关注，视其严重程度采取以下措施：

（1）立即将该生转移到安全环境，并成立监护小组对该生实行24小时全程监护，确保其人身安全。

（2）由有关部门或专家对该生的心理状况进行评估或会诊，情况严重时应立即送至专业机构治疗。

3. 对实施自杀行为学生的干预措施

（1）对正在实施自杀行为的学生，一旦发现便立即启动"学生心理危机干预及自杀预防快速反应机制"，各有关部门应立即派人赶赴现场协调配合处理危机。

（2）对刚实施自杀行为的学生，要立即送到最近的医疗机构实施紧急救治。

（3）对自杀未遂的学生，要请相关部门或专家评估，视情况做出及时处理。

4. 对有伤害他人意念或行为学生的干预措施

（1）对有伤害他人意念或行为的学生，由相关部门立即采取相应措施，保护双方当事人安全。

（2）组织相关部门或专家对该生精神状态进行心理评估或会诊并提供书面意见。学校根据评估意见进行后续处理。

5. 对危机知情人员的干预

危机过后，需要对知情人员进行干预。可以使用支持性干预及团体辅导策略，通过班级辅导等方法，协助经历危机的大学生及其相关人员，如同学、家长、辅导员以及危机干预人员正确处理危机遗留的心理问题，帮助他们尽快恢复心理平衡，尽量减少由于危机造成的负面影响。

（五）危机干预及自杀预防的注意事项

（1）学校在开展心理危机干预及自杀预防工作时，应坚持保密原则，维护学生权益，不得随意透露学生的相关信息，并尽可能在自然的环境中实施干预，避免人为地制造特殊的环境给被干预学生造成过重的心理负担，激发或加重其心理问题。

（2）对社会功能严重受损和自制力不完全的学生，学校不得在学生宿舍里实行监护，避免监护不当造成危害，以确保该生及其他人员的安全。

（3）在危机干预过程中，应注意方式方法，避免情绪激化。

（六）预防教育

（1）高校要大力开展心理健康宣传教育，积极创造条件开设心理健康教育方面的必修或选修课程，通过课堂教学、教育活动、专家讲座、网络、学生社团等形式宣传普及心理健康知识，介绍增进心理健康的方法和途径，解析心理现象，传授心理调适方法，形成良好的心理健康氛围，帮助学生优化个性心理品质，提高心理健康水平。

（2）高校应面向学生进行生命教育，引导学生热爱生活，热爱生命，善待人生；进行自我意识教育，引导学生正确认识自我，悦纳自我，积极发展自我，树立自信，消除自卑；进行危机应对教育，让学生了解什么是危机，什么情况下会出现危机，哪些言行是自杀的前兆，对出现自杀前兆的同学如何进行帮助和干预等。

第三节　助人自助　护花绽放

"助人自助"是心理咨询的最基本原则，心理咨询期望通过其帮助，使受访者增强其独立性，而非增强其依赖性，以便能够在日后遇到类似的生活挫折和困难时，可以独立自主地加以解决。

助人自助是心理咨询工作者致力于对求助者心灵的一种支持，帮助求救者"自救自助、自主人生"的过程，是心理咨询工作者坚信求助者的领悟力、自决力和创造性，发挥自身主导作用的一个过程。

（一）什么是心理咨询

心理咨询，是指专业的心理工作者运用心理学知识、理论和技术，向心理适应与发展方面出现困难并寻求解决问题的求询者提供心理援助的过程。

需要解决问题并前来寻求帮助者称为来访者，提供帮助的咨询专家称为咨询师。来访者就自身存在的心理不适或心理障碍，通过语言文字等交流媒介，向咨询师进行述说、询问，在其支持和帮助下，通过共同的讨论找出引起心理问题的原因，分析问题的症结，进而寻求摆脱困境解决问题的条件和对策，以便恢复心理平衡、提高对环境的适应能力、增进身心健康。

心理咨询的解释有广义和狭义之分，从广义上讲，它涵盖了临床干预的各种方法和手段；狭义的心理咨询只局限于咨访双方通过面谈等手段向来访者提供心理救助和咨询帮助。

心理咨询的分类：

1. 按咨询规模，分为个体咨询、团体咨询

（1）个体咨询：咨询师与来访者是一对一的关系，着重解决个人的心理问题。

（2）团体咨询：在团体环境中，向来访者提供心理帮助和指导。

2. 按咨询时程，分为短程心理咨询、中程心理咨询、长期心理咨询

（1）短程心理咨询：在相对短的时间内（1~3周以内）完成咨询、就事论事地解决来访者的一般心理问题。

（2）中程心理咨询：在1~3个月内完成咨询。可涉及较严重的心理问题，要求有完整的咨询计划、咨询预后，追求中期以上疗效。

（3）长期心理咨询：在遇到严重心理问题或神经症性的心理问题

笔记区

时，可采用长期心理咨询。一般用时在 3 个月以上，使用标准化咨询方法，要求制订详细的咨询计划，追求中期以上效果，并要求疗效巩固措施。

3. 按咨询形式，分为面谈咨询、电话咨询、互联网咨询

（1）面谈咨询：是进行面对面咨询。特点是能及时对来访者进行各类检查、诊断，及时发现问题，及时做出妥善处理，是心理咨询中最主要而且最有效的方法。

（2）电话咨询：是利用电话给求助者进行支持性咨询。早期多用于心理危机干预，现在涵盖面很广，是一种较为方便而又迅速的心理咨询方式。

（3）互联网心理咨询：是心理咨询师通过互联网来帮助求助者。优点是可以突破地域限制，便于使用有效的心理评估与测量软件程序。

4. 按咨询内容，分为心理适应咨询、心理发展咨询和心理障碍咨询

（1）心理适应咨询。对大学生出现的学习、工作、生活、人际交往等方面的不适应提供帮助，使其建立信心，减轻压力，提高适应能力。

（2）心理发展咨询。主要帮助大学生增强自我认识能力、社会适应能力、心理调适能力和自我发展能力，使之挖掘自身潜力，促进心理的健康发展。

（3）心理障碍咨询。帮助出现心理障碍者挖掘病源，找到对策，消除痛苦。

诗歌欣赏

假如，生活欺骗了你
普希金

假如生活欺骗了你
不要悲伤，不要心急！
忧郁的日子里需要镇静：
相信吧，快乐的日子将会来临。
心儿永远向往着未来；
现在却常是忧郁。
一切都是瞬息，
一切都将会过去；
而那过去了的，
就会成为亲切的怀恋。

（资料来源：普希金. 普希金诗集 [M]. 北京：中国社会科学出版社，2007.）

（二）大学生如何参与心理咨询

心理咨询的各个阶段，都需要来访者的密切配合，因此，大学生来访者做好充分的心理准备，对提高咨询效果十分必要。

1. 咨询前准备

（1）有主动咨询的愿望。

良好的心理咨询首先建立在来访者自愿的基础上，如果来访者没有沟通的愿望，仅仅是被老师或家长带来，是不会情愿地谈及真实的自我的，咨询效果会受到影响。通常，来访者的求助动机越强，与咨询师的配合越好，咨询的效果也会更快、更明显。

（2）减少不必要的担心。

心理咨询要遵循保密原则和价值中立原则，这是心理咨询师最基本的职业道德。有些来访者担心谈话的内容外泄，咨询时往往隐去某些问题，这样不利于咨询师发现问题、做出诊断和提供帮助。在心理咨询过程中，咨询师不做价值判断，而是帮助来访者解决心理上的困惑。

（3）选择合适的咨询师。

咨询前，要了解一些关于咨询师的情况，每个咨询师的职业背景、职业经历、咨询擅长领域都有所差异，尽量找受过专业培训、具有从业资格的咨询师。考虑自己的需求，如咨询婚姻问题，最好找年龄偏大的咨询师；有关性的问题，最好找同性别的咨询师，咨询时会更方便。如果与咨询师接触后，感觉不适，可以提出终止咨询或请求转介其他咨询师。

（4）了解咨询的时间规定。

咨询时间是有限的，通常一次咨询的时间约50分钟，根据来访者表现出来的心理问题程度和咨询师使用的方法不同，咨询次数不固定，有的需要1~2次，就会达到咨询的目的，有的则需要很长的时间，甚至1~2年。心理咨询一般需要提前预约，来访者应按照约定的时间准时去咨询，如遇特殊情况，需提前联系，更改咨询时间。

2. 咨询过程中的准备与配合

（1）来访者要有自助意识。

心理咨询不是一般的帮助人的行为，而是"助人自助"的过程，咨询师不是救世主，只能起到分析、引导、启发、支持、促进来访者改变和人格成长的作用，不能替来访者改变或做决定。心理咨询更需要来访者积极主动配合，参与到咨询方案的制定中来，认真完成咨询作业，勇于改变自己、战胜自己，最终才能走出心理困境。

（2）来访者要有耐心。

心理问题、心理疾病不是一天两天形成的，它可能是多种原因造成的，解决问题也需要一定的时间。心理咨询也是循序渐进的过程，一般要经过了解来访者的问题、诊断、设立咨询目标、选择咨询方法、制定咨询方案、实施和反馈等过程，欲速则不达。有时在咨询的过程中，心理问题还会出现反复，非常考验耐心和细心。

（3）真诚坦率的交流。

心理咨询主要以语言沟通为基础，面对咨询师，来访者不要过多地

笔记区

笔记区

考虑说话的方式方法，要如实地、直截了当地讲述心理咨询的内心感受，即使分不清问题所在，也不用担心，咨询师会在倾听过程中捕捉一些信息点去询问，来访者不用辨别有用与无用，只要实事求是地回答即可。

（4）认真完成咨询作业。

咨询过程中，一个重要的环节就是来访者和咨询师共同制定咨询目标和计划，来访者要在咨询的不同阶段，认真完成各种实践作业，贯彻咨询计划，做好反馈，这样才有助于收到理想的咨询效果。

二、扩展阅读

敬畏生命

张全民

弘一法师

弘一法师在圆寂前，再三叮嘱弟子把他的遗体装龛时，在龛的四个脚下各垫上一个碗，碗中装水，以免蚂蚁虫子爬上遗体后在火化时被无辜烧死。看弘一法师的传记，读到这个细节，总是为弘一法师对于生命深彻的怜悯与敬畏之心所深深感动。

烫鼠经历

高中时候，我家后院的墙洞里经常有大老鼠出来偷吃东西。不知为什么，我的心里产生了一个残酷的想法：悄悄地躲在墙边，趁老鼠出来的时候，拿开水烫它。结果，一只大老鼠被滚烫的开水烫着后惨叫着缩进了墙洞，我不知道它有没有死，但那时我并没意识到自己的残忍，因为"老鼠过街，人人喊打"，在人类的心目中老鼠有一千个应该死的理由。然而，引起我内心最大触动和自责的是在两个月后：我在后院又看到了那只大老鼠，它还活着，但是全身都是被烫伤之后留下的白斑，最让人痛苦和不安的是，它居然还怀着小老鼠，腆个大肚子，动作迟钝地在地上寻觅着食物，我无法表达我那个时候的心情，我只觉得"生命"这个词在我的心中突然变得那么耀眼，只觉得我曾经的行为是多么的卑劣和龌龊。这种感觉，在别人眼里也许会显得很可笑，但是，对我来说，就是从那个时候起，我逐渐地感受到了生命的意义和分量。

感慨

德国思想家史怀泽曾在《敬畏生命》中写到：他在非洲志愿行医时，有一天黄昏，看到几只河马在河中与他们所乘的船并排而游，突然感悟到了生命的可贵和神圣。于是，"敬畏生命"的思想在他的心中蓦然产生，并且成了他今后努力倡导和不懈追求的事业。

其实，也只有当我们拥有对于生命的敬畏之心时，世界才会在我们面前呈现出它的无限生机，我们才会时时处处感受到生命的高贵与美丽。地上搬家的小蚂蚁，春天枝头鸣唱的鸟儿，高原雪山脚下奔跑的羚羊，大海中戏水的鲸鱼等，无不丰富了生命世界的底蕴，我们也才会时时处处在体验中获得"鸢飞鱼跃，道无不在"的生命的顿悟与喜悦。

因此，每当读到那些关于生命的故事，我的心中总会深切地感受到生命无法承受之重，如撒哈拉沙漠中，母骆驼为了使即将渴死的小骆驼喝到够不着的水潭里的水而纵身跳进了潭中；老羚羊们为了使小羚羊们逃生而一个接着一个跳向悬崖，因而能够使小羚羊在它们即将下坠的刹那以它们为跳板跳到对面的山头上去；一条鳝鱼在油锅中被煎煮时却始终弓起中间的身子，是为了保护腹中的小鳝鱼；一只母狼望着在猎人的陷阱中死去的小狼在凄冷的月夜下呜咽嗥叫。其实，不仅仅只有人类才拥有生命神性的光辉。

有时候，我们敬畏生命，也是为了更爱人类自己。丰子恺曾劝告小孩子不要肆意用脚去踩蚂蚁，不要肆意用火或用水去残害蚂蚁，他认为自己那样做不仅仅出于怜悯之心，更是怕小孩子那一点点残忍心以后扩大开来，以致驾着飞机装着炸弹去轰炸无辜的平民。

确实，我们敬畏地球上的一切生命，不仅仅是因为人类有怜悯之心，更因为它们的命运就是人类的命运：当它们被杀害殆尽时，人类就像是最后的一块多米诺骨牌，接着倒下的也便是自己了。

三、观赏影片

时间规划局

《时间规划局》是由安德鲁·尼科尔执导，贾斯汀·汀布莱克、阿曼达·塞弗里德主演的惊悚科幻电影。该片讲述在未来，主人公威尔获得一笔意外之财，本满心欢喜想要延长自己的生命，结果却被锁定为一起谋杀案的凶手，不得不亡命天涯的故事。该片于 2011 年 10 月 28 日在美国上映。

剧情简介

在一个虚构的未来世界，人类的遗传基因被设定停留在 25 岁，不管他们活了多久，生理特征都将保持在 25 岁。然而到了 25 岁，所有人最多只能再活 1 年，唯一继续活下去的方法就是通过各种途径获取更多的时间（如工作、借贷、交易、变卖，甚至抢劫）。于是时间就成了这个世界的流通货币。

类似于银行的时间管理机构遍布全球，而时间守护者会像警察一样追踪并记录每个人所使用的时间和剩余的时间，一旦在时间银行中的存额所剩无几，就将被剥夺生命。有钱人可以长生不老，而穷人们的生存则变得很艰难，一旦手臂上的表清零，就代表着一个人的死亡。

一个名叫威尔（贾斯汀·丁伯莱克饰）的穷人，却意外获得了一笔巨大的财富，拥有了用不完的时间。但是却因为此事被锁定为一场谋杀案的嫌疑人，由此走上了逃亡之路。在逃亡过程中，他绑架了时间银行的女继承人（阿曼达·塞弗里德饰）。在整个逃亡过程中，他们之间迸发出了感情的火花。而且两人都对现有的时间管理机制都非常不满，进

笔记区

而联手起来对抗这个统治机构。仅凭两人之力能够推翻成熟的权力机构吗？最终，所有的压迫与不公，都抵不过真爱的力量。

四、练习与思考

1. 生命与死亡的意义是什么？
2. 对有自杀意念的学生应该如何进行干预？
3. 大学生应该如何参与心理咨询？

第五章

团队合作　共赢辉煌

G1 感性导言

导　言

（背景音乐）

俗话说："一个和尚挑水喝，两个和尚抬水喝，三个和尚没水喝。""一只蚂蚁来搬米，搬来搬去搬不起，两只蚂蚁来搬米，身体晃来又晃去，三只蚂蚁来搬米，轻轻抬着进洞里。"上面两种说法有截然不同的结果。"三个和尚"没水喝是因为他们相互推诿，不讲合作；"三只蚂蚁"抬米之所以能够"轻轻抬着进洞里"，正是因为合作的结果。团队合作的力量是巨大的，一旦被开发，这个团队将创造出不可思议的奇迹。

在这个竞争十分激烈的市场经济时代，合作共赢是时代的选择。合作才能发展，合作才能提高，合作才能共赢。合作更是我们当代大学生步入社会时必须形成的职业理念。以合作达到共赢的过程是用心交流的过程和愿意付出的过程。

学习目标

本章通过体验式的教学方法，让学生在活动的过程中，逐步培养交流能力、合作能力和领导能力。在努力完成合作共赢的活动之后，收获喜悦，有所感悟，有意识地提高自我修养和加强团队建设。

名人名言

一滴水只有放进大海里才永远不会干涸，一个人只有当他把自己和集体事业融合在一起的时候才能最有力量。

——雷锋

一堆沙子是松散的，可是它和水泥、石子、水混合后，比花岗岩还坚韧。

——王杰

G2 感人案例

案例一

壮哉，女排精神！

"女排精神，洪荒之力！""中国女排一直是我心中的神！""如果奇迹有颜色，那么一定是中国红"……当近 10 亿中国观众聚焦里约奥运会女排决赛，当全世界华人瞩目这场意义远超体育竞赛的巅峰对决时，一份久违的感动像闪电击中亿万观众，一股雄奇的力量穿越重洋，叩响每个中国人的心扉。

笔记区

  中国女排再夺奥运冠军,让人忆起曾经的光辉岁月。35 年前的冬日,女排姑娘首次荣获世界冠军。咚咚的"铁榔头",敲响了"团结起来,振兴中华"的战鼓,提振了中国人的精气神。这支光荣的队伍不仅是竞技舞台上一张亮丽的国家名片,更成为无数中国人的励志榜样。"三连冠""五连冠",在那个国门刚刚打开、人民呼唤精神力量的时代,中国女排以她们无畏的拼搏精神跨上巅峰,向世界证明了"中国人能行"。在那个改革开放大幕初启、中国奋力追赶世界的时代,女排精神如同一面旗帜,让世人看到中国的集体主义、爱国精神、自强意志,能达到怎样的高度、能创造怎样的奇迹。无私奉献、团结协作、艰苦创业、自强不息的女排精神,是民族精神与时代精神的完美结合,成为一个时代的集体记忆、价值标签。

  时光流转,世事沧桑。30 多年来,女排姑娘有过成功登顶的荣耀与辉煌,也有过跌入低谷的徘徊和迷茫。但"跌得有多深,反弹就有多强",正如主教练郎平所言:"中国的女排精神与输赢无关,不是说赢了就有女排精神,输了就没有。要看到这些队员努力的过程。"坚守为国争光的梦想,永葆求新求变的精气神,不忘初心,与时俱进,用专业素养提升实力,以开放包容博采众长,靠苦干巧干赢得竞争,这是新时代女排精神的丰富内涵所在、持久魅力所在、深刻启迪所在,也正是新长征路上的中国人不畏艰险、奋力追上时代的底气所在、力量所在。

  历史是现在跟过去之间永无止境的问答交流。今天的中国,时代正打开一幅全新的场景,冲顶更需要坚强的意志、精神的伟力。面对决胜全面小康的艰巨挑战,面对困难众多的经济新常态,我们依然要发扬历久弥新的女排精神,去解决众多"发展起来以后的问题",去化解"为山九仞、功亏一篑"的风险,去应对暮气日长、锐气渐消的挑战,为民族复兴提供凝心聚气的强大精神动力。

  "再难的逆境也绝不言弃","可以被打败但是绝不会被打倒","哪有什么洪荒之力,不过是在咬牙坚持",中国女排正是凭着这样的执着勇毅去拼搏去奋斗。今天,啃下全面深化改革的硬骨头,涉过经济转型升级的险滩,都需要发扬女排精神,去把困难踩在脚下,把责任扛在肩上,把梦想化作风帆。

  壮哉,女排精神!加油,中华儿女!

 点评

1. "女排精神"就是永不放弃的团队精神!
2. 团队是为了一个共同的目标而一起努力的一群人!

 思考

1. 你之前所在哪个组织可以称作团队?
2. 你有过收获团队荣誉的经历吗?

(资料来源:《人民日报》,2016 年 08 月 22 日 01 版)

案例二

共生

年轻的海洋生物学家布兰姆做了一个十分重要的观察实验。

有一天，他潜入深水以后，看到了一个奇异的场面：一条银灰色的大鱼离开鱼群，向一条金黄色的小鱼快速游去。布兰姆以为，这条小鱼已在劫难逃了。然而，大鱼并没有恶狠狠地向小鱼扑去，而是停在小鱼面前，平静地张开了鱼鳍，一动也不动。那小鱼见了，便毫不犹豫地迎上前去，紧贴着大鱼的身体，用尖嘴东啄啄西啄啄，好像在吮吸什么似的。最后，它竟将半截身子钻入大鱼的鳃盖中。几分钟以后，它们分手了，小鱼潜入海草丛中，那大鱼轻松地去追赶自己的同伴了。

在这以后的数月里布兰姆进行了一系列的跟踪观察研究，他多次见到这种情景。看来，现象并不是偶然的。经过一番仔细的观察，布兰姆认为，小鱼是"水晶宫"里的"大夫"，它是在为大鱼治病。鱼"大夫"身长只有三四厘米，这种小鱼色彩艳丽，游动时就像一条飘动的彩带，因而当地人称它"彩女鱼"。鱼"大夫"喜欢在珊瑚礁中或海草丛生的地方游来游去，那是它们开设的"流动医院"。栖息在珊瑚礁中的各种鱼，一见到彩女鱼就会游过去，把它团团围住。有一次，布兰姆发现，几百条鱼围住了一条彩女鱼。这条彩女鱼时而拱向这一条，时而拱向另一条，用尖嘴在它们身上啄食着什么东西。而这些大鱼怡然自得地摆出了各种姿势，有的头朝上，有的头向下，也有的侧身横躺，甚至腹部朝天。这多像个大病房啊！

布兰姆把这条彩女鱼捉住，剖开它的胃，发现里面装满了各种寄生虫、小鱼以及腐烂的鱼皮。这真是一种奇妙的合作：鱼"大夫"用尖嘴为大鱼清除伤口的坏死组织，啄掉鱼鳞、鱼鳍和鱼鳃上的寄生虫，这些脏东西又成了鱼"大夫"的美味佳肴。这种合作对双方都很有好处，生物学上将这种现象称为"共生"。

在动物世界里互相帮助、互补共赢的例子比比皆是，有人研究之后把这种动物利他的事说成是天性。在人类社会中，这种利他的范例也很多。因为你并非完美无缺，只有让你的合作者生活得更好，你也才能更好地生活。仔细想一想，职业人与老板的关系、与同事的关系、与顾客的关系等，其实不也是一种互利共生、共同发展的关系吗？

 点评

1. 别人因你而感到温暖，你也会因别人而享受阳光。
2. 你只有照顾和维护别人，别人才会感恩并回报你一份善意。
3. 善于利用自身优势才可以获得最大化的共赢。

 思考

1. 你能否找到合作中的自我优势？

笔记区

笔记区

2. 你觉得如何才能提高你与别人合作的效果？

（资料来源：http://www.foodjob.cn/news/html/115/115816.html）

G3 感动体验
体验活动名称：穿越电网

【活动目的】

（1）让学生通过体验了解确立方案、明确分工、有效的组织协调是合作共赢的关键。

（2）让学生通过体验摆正个人在团队中的位置（角色定位）。

（3）让学生通过体验思考如何有效地利用搭配资源和相互协调以保障计划的顺利实施。

【活动准备】

（1）检查电网，调整网格大小及数目（根据小组成员数量来决定网洞的数量：$N+1$）。

（2）封网洞的小绳 10 根。

（3）配备助教一名。

（4）秒表每组一个。

（5）物品储存箱。

【活动过程】

（1）指导教师课程体验活动导语（参考）：

本次体验活动的项目起源于一个故事。

话说第二次世界大战期间硝烟滚滚，乌云密布，在德国西南部的一个纳粹集中营中，十几位盟军战士决定晚上趁着夜色逃生，他们万分小心地逃过了第一道封锁线、第二道封锁线……当他们即将到达最后一道封锁线时，突然后面响起了激烈的枪声，追兵到了。此时横在他们面前的是一张漫天大网，上面的万伏高压电闪着呲呲的火花，他们已经没有了退路，唯一的办法就是从电网中穿过。这就是此次体验活动名称的由来——穿越电网。

（2）活动规则：

①电网是无限延伸的，任何人只能从网洞中穿过。

②每个网孔只能用一次，不论是否通过用完即被封住。

③电网具有万伏高压可击穿任何物体，身体任何部位触网即宣布"牺牲"。

④在抬女同学通过时面部朝上，以防止落地擦伤。

⑤在项目进行过程中，导师如发现危险动作须及时制止，被制止动作不能重复使用。

⑥用时最短完成任务的小组获得胜利。

（3）活动目标：全体成员安全地从网洞中穿过。

活动现场如图 5-1 所示。
(4) 活动过程：
①各小组组长带领团队成员，以 10 分钟为限，讨论制定穿越方案。
②各小组成员根据事先定好的方案，排好顺序，准备穿越。
③助教负责监督各小组穿越并记录成绩。
④完成的小组相互拥抱庆祝，围成一圈席地而坐，准备分享。

友情提示

(1) 此活动有一定的危险系数，如身体有异常者需告知指导老师再决定参加与否。
(2) 指导老师在此活动中必须全程跟踪以保证活动的安全。
(3) 所有体验者活动前都要将身上的尖锐物品（如眼镜、发卡、戒指等）放于物品储存箱，活动完成后再取回。

背景音乐

(1)《年轻的战场》。
(2)《超越梦想》。
(3)《相信自己》。

图 5-1　穿越电网活动现场

G4 感悟分享

(1) 指导教师体验活动感悟分享提示语（参考）：

合作，为着同一个目标奋进，流露着真诚，展现着胸怀。不管结局如何，这个过程是快乐的。没有一个共同的目标，合作是没有基础的；没有真诚的信赖，合作只流于形式；没有一定的胸襟，不愿与人共同分享，合作是难以长久的。真正的合作不仅仅是对共同利益的追逐，更包含了合作者之间融洽的关系、友好的相待、美好的愿景。

笔记区

成功是一朵花,别忘了那是阳光、空气、土壤的合作成果。

成功是一幅画,别忘了那是慧眼、巧手、纸张原料的合作成果。

成功是一首歌,别忘了那是创作者、歌手、乐器的合作成果。

让我们用合作绘就绚烂人生!

①小组开始阶段的讨论对后面的穿越行动有无作用?

②大家在活动过程中有没有进行明确的分工(如谁负责运送、谁负责动作控制和时间控制)?

③本次体验活动你有哪些经验教训?

(2)指导老师要求学生以各小组为单位进行活动交流。

(3)由各小组推荐或自荐一名同学上台进行大组分享。

活动感悟(学生填写)

(1)

(2)

(3)

活动点评(老师填写)

(1)

(2)

(3)

名人名言

科学家不是依赖于个人的思想,而是综合了几千人的智慧,所有的人想一个问题,并且每人做它的部分工作,添加到正建立起来的伟大知识大厦之中。

——卢瑟福

我不应把我的作品全归功于自己的智慧,还应归功于我以外向我提供素材的成千成万的事情和人物。

——歌德

G5 感奋践行

一、知识讲堂

大学生团队合作能力培养的现状、问题及对策

第一节 关于合作

(一)合作的定义

合作,指共同创作,共同从事,二人或多人一起工作以达到共同目的,联合作战或操作。语出《国语·晋语三》:"杀之利。逐之,恐搆诸

侯；以归，则国家多愿；复之，则君臣合作，恐为君忧。不若杀之。"合作就是个人与个人、群体与群体之间为达到共同目的，彼此相互配合的一种联合行动、方式。

合作的另一种解释是：为了实现共同的目标，充分地利用组织资源，依靠团队共同的力量共同完成某一件任务。合作，可以集中力量在短时间内完成个人难以完成的任务，当我们协同创作时，创意在群体成员间浮现；创意火花飞舞得更快、更激昂，整体成就也高于个别努力的总和。在团队的合作过程中，有创意的解决办法常会出人意料地出现。

(二) 合作与协作的区别

合作就是个人与个人、群体与群体之间为达到共同目的，彼此相互配合的一种联合行动、方式。协作是指在目标实施过程中，部门与部门之间、个人与个人之间的协调与配合。协作应该是多方面的、广泛的，只要是一个部门或一个岗位所承担的目标任务必须得到的外界支援和配合，都应该成为协作的内容。一般包括资源、技术、配合、信息方面的协作。

合作与协作的根本区别就在于：合作是一种社会生活形态，而协作则从属于利益追求的目的。合作在结果上必然导致合作各方的互惠互利以及社会整体利益的增加，但是，协作却不将此作为目标。协作虽然在结果上并不必然能够确保协作各方获益，但开展协作的人，一般说来，应大致计算一下"合作"是否有利，能否获益。

协作需要一系列限定条件：其一，协作必须具有相对封闭性。协作者的范围、协作的内容、协作的程序以及协作应遵循的规范和规则等，必须是明确的才有利于协作的顺利开展。其二，协作具有排除性。协作在对协作者的选择上往往是经过充分考虑的，其中，协作者是否具有协作共事的能力，有无遵守契约以及其他协作规则的诚信记录等，都需要在协作的实质性进展开始之前就已经被考虑过，即通过这种考虑对协作者进行选择和排除。其三，协作的目标不限于协作，或者说，协作的目标是对协作的扬弃。比如，协作可以把某种利益的获取作为协作的目标，也可以把在更大范围内的竞争力的增强作为协作的目标。总之，协作的目的不是为了协作，为了协作而协作是没有意义的，或者说，天下没有为了协作而协作的傻瓜。

合作则具有充分的开放性，它不需要任何设定的限制条件，也不需要对任何事、任何人进行排除。而且，合作本身就是一种社会生活，是人之为人的标志。所以，合作就是目的，人的其他活动都是合作的前提，是为了合作关系的形成和健全所做的历史性准备。而且，从人类历史趋向合作的进程看，从农业社会的互助到工业社会的协作，都是后工业社会成熟的合作形态的胚芽发育过程，所以，也可以依次把互助看作合作的初级形态，把协作看作为合作的低级形态。或者说，互助是合作的感性形态，协作是合作的工具理性形态。正是经由了这个从感性的存在到

笔记区

工具理性的存在，合作才走向成熟的价值理性的物化形态。就此而言，合作作为理性的实现即价值理性在现实生活中的展开，是对互助这一感性存在、协作这一工具理性存在的扬弃和超越。

在历史的视野中，互助是合作的自然形态，协作是合作的工具理性形态，都是走向合作的历史准备。从协作可以向合作转化这一点来看，合作关系的确立也是可以做出理性安排的。

（三）成功合作的要素

1. 成功的合作需要具备的基本条件

（1）一致的目标。任何合作都要有共同的目标，至少是短期的共同目标。

（2）统一的认识和规范。合作者应对共同目标、实现途径和具体步骤等，有基本一致的认识，在联合行动中合作者必须遵守共同认可的社会规范和群体规范。

（3）相互信赖的合作氛围。创造相互理解、彼此信赖、互相支持的良好气氛是有效合作的重要条件。

（4）具有合作赖以生存和发展的一定物质基础。必要的物质条件（包括设备、通信和交通器材工具等）是合作能顺利进行的前提，空间上的最佳配合距离，时间上的准时、有序，都是物质条件的组成部分。

2. 实现团队合作的三个关键点

团队正是有了成员之间的相互合作才能够高效完成任务，只有把握住团队合作的关键点，才能更好地提高团队合作的能力。

（1）分工。分工是建立在团队成员有明确角色认知的基础之上，根据各成员的特点进行小组式的细化分工。合理分工是提高团队合作效果、圆满完成团队任务的基础。

（2）合作。有分工，就需要合作，即彼此相互配合。合作是对团队成员所承担的工作与责任进行有机结合，以实现团队目标。建立良好的沟通机制可以在一定程度上促进团队成员之间的合作。

（3）监督。监督在团队合作中，是一种约束团队进行良好合作的手段。通过监督，可以约束团队成员中偏离团队方向的行为。

3. 提高团队合作能力的两个工具

（1）解决问题或制定策略的固定程序。对于一个高效团队而言，使用一种固定的程序比总是把大量精力花在选择程序上更为重要。多数程序会包括以下六个步骤：

第一，确定问题。在团队中，由于不同的人对问题的理解不同，因而很多努力会付之东流。让每个人轮流解释领导者对该问题的指示是一种特别有用的方法。

第二，熟悉背景。在这一阶段，每个人都应该充分考虑与问题有关的所有背景信息。在实施解决问题的步骤之前，大部分的背景信息都要在团队中畅通无阻地传播。

第三，提出思路。使用"头脑风暴法"提出思路。在有效的头脑风暴中，某个人的某种想法会激发另一个人的另一种想法，互相激发所产生的创造性思想火花会像电流一样在团队成员的头脑中闪动。实现这一效果有两个基本要领：所有的想法都要记录；不要对任何想法评头论足。

第四，归纳意见。它可以把"头脑风暴"中收集到的杂乱无章的意见归纳成若干个和谐有序、有连续性的工作方案。

第五，选择方案。此阶段，团队的任务是从逻辑上理性地评估各种主张，权衡每种方案的利弊。这个过程是优胜劣汰的过程。

第六，团队认可。一旦有了最终的候选方案，那么就要考虑下面两个问题：一是团队成员对候选方案有多大的认同度；二是团队之外的人会对此做如何反应。

（2）行动计划。行动计划有助于团队成员清晰了解团队的目标和达成目标过程中的要求。这有助于他们更加出色地解决问题。遵守以下规则，行动计划会取得更好的效果：

第一，除非得到团队成员的同意，否则不要强迫他们接受任何一项任务。

第二，要对行动计划进行精确的描述，使用常见易懂的语言。

第三，团队必须对每一项计划的行动达成一致意见。

（四）合作的力量

歌德曾有句名言："不管努力的目标是什么，不管他干什么，他单枪匹马总是没有力量的。合群永远是一切善良思想的人的最高需要。"大海因为一滴滴水的积蓄，才可以浩瀚奔腾；草原因为一棵棵小草的生长，才能够广阔无垠；森林因为一棵棵树的挺拔，才能够茂密葱郁；大山因为一块块石头的叠加，才得以高耸入云。自然界许许多多的事物告诉我们，只有通过团结合作，才能创造巨大的力量，成就宏伟大业。

美国的阿波罗登月计划开始于1961年5月，至1972年12月第6次登月成功结束，历时约11年，耗资255亿美元，这样一个浩大的工程，参加的科学家和工程师有42万人，参加的单位有2万多个，包括200多所大学和80多个科研机构，正是每个部门、每个人互相支持、密切配合，才取得最后的成功，成为世界航天史上具有划时代意义的一项成就。团队就像是一个转动的轮盘，这个轮盘无论少了哪颗钉子，都不会转动。在阿波罗登月计划中如果少了任何一个单位的支持，任何一个环节出现异常，就不会成就当时的辉煌。

一朵花，即使再小也需要雨水的滋养、阳光的馈赠及绿叶的衬托；人也是一样，一个人若想有所发展，就离不开众人的帮助与支持，离不开相互沟通、相互合作。一个人要取得成功，必须学会与人合作，并得到别人的合作。

第二节　大学生团队合作中常见的问题

一个木桶盛水的多少，主要取决于桶壁上最短的那块木板，同时也

笔记区

和其他木板的紧密程度有关。在团队中，成员恰如构成木桶的木板一样，团队的成功主要决定于最弱的一方，也就是团队的"短板"。木板的紧密程度在团队中就是每个成员之间的协作。桶底就是团队为每个成员提供的发展平台。

那么，大学生团队合作中最短的那块木板在哪里呢？

（一）缺乏优秀的领导者

（1）领导者缺乏实际执行能力。在决策时缺少宏观把控能力，优柔寡断，顾虑重重；遇到危机时，惊慌失措，手忙脚乱，不知如何应对。

（2）领导者对团队成员缺乏了解，不能善于用人。与团队成员缺少沟通，在不了解团队成员的具体状况时就擅自派发任务；凡事亲力亲为，舍不得放下手中的权力，不愿意发展别人、把别人推向更高的位置；对某些成员提出的建议或意见不能虚心接受，带有较强的个人主观意识。

（3）领导者缺少资历和实力，无法成为团队的典范。有的团队领导者在团队学习与活动过程中拖拖拉拉，不能及时带领团队展开富有成效的工作；有的则表现得比较松散，在团队中表现不积极。

（二）缺乏有效沟通

（1）沟通过程关系不融洽。有想法不敢表达，生怕得罪人；以自我为中心，缺少对他人的尊重；耗费太多的精力与时间在处理人际关系上。

（2）缺少深层次交流。成员间缺少知心交底的讨论与座谈，导致相互猜疑、互挖墙脚、高估自己、贬低他人等；团队出现问题时互相推诿，尽可能把责任推给别人。

（3）冲突处理不当。

（三）缺乏相互信任

（1）成员害怕开会，不敢表达自己的真实想法，遇到问题时不主动求助。

（2）怀疑别人的能力，过多地掺和他人的工作或任务，总想把自己的观点强加在别人的头上。

（3）当团队遇到困难或问题时，怨天尤人，只相信自己和自己的经验，万不得已时才相信他人。

（四）职责不明

（1）团队内部没有明确的责任分工，导致合作不默契。在具体工作中，成员不知道自己该干什么，有的人累"死"，有的人闲"死"。

（2）当团队遇到问题或挫折时，由于职责不明，有的成员就会发牢骚逃避责任，甚至会互相抱怨，互相怪罪。

（3）分工不明确，还会影响成员在团队工作学习中积极性的发挥，极个别成员会处于消极的怠工状态，遇到问题只会抱怨、不思进取和解决。

(五) 缺乏共同的愿景

团队成员各持有自己对团队的愿景，但彼此却没有分享过对方的愿景。在一个缺少共同愿景的团队中，只会产生适应性的学习，不会产生创造性的学习。

(六) 缺乏系统性思考

（1）凡事以自我为中心，自私，甚至自我封闭，缺乏合作意识。在发生利益冲突时，首先想到的是自己，很少考虑要为团队做些什么。

（2）缺少大局意识，长远规划，往往就事论事，简单处置。

第三节 增强大学生团队合作的方法

"人心齐，泰山移"，团队合作是优秀团队的制胜"法宝"。只有团队合作，团队才能不断地取得成功，才能不断攀登新的高峰。以下五种方法可以提高团队的合作能力：

(一) 强化团队成员的合作意识

每位团队成员的付出、奉献以及团队成员之间的相互合作，是一个团队成功的必要条件。我们可以通过以下的三个技巧来强化团队成员的合作意识：

（1）培养团队成员积极主动做事的习惯。

（2）培养团队成员宽容的品质。

（3）培养团队成员的责任感和荣誉感。

(二) 加强团队成员之间的沟通

团队能够有效合作的前提就是沟通。如果团队成员缺少沟通，就会产生隔阂、出现矛盾、形成内耗，使整个团队就像一盘散沙，毫无凝聚力。加强团队沟通要注意以下三点：

（1）明确沟通主题。团队成员之间的沟通主题明确了，才能做到有的放矢。

（2）创造有利的沟通环境。团队成员在沟通的过程中需要使团队成员处于集中精神、身心放松的状态之下，尽量选择安静、平和的环境。

（3）学会倾听，积极反馈。在倾听的过程中，需要团队成员认真聆听、点头、注视，用眼神和微笑等肢体语言积极反馈。若有不清楚的情况，需要及时反馈，以便在沟通中得到更多的信息。

(三) 构建团队信任

信任是团队合作的基石，是团队完成任务的重要保障。在构建团队信任时，可以参照以下三种技巧：

（1）坦诚对待团队成员。出现问题要及时沟通，避免让小问题演变为大矛盾。

（2）保持开放的心态。在团队合作的过程中，要乐于与团队其他成员分享自己掌握的信息。

笔记区

(3) 信守承诺。"言出必信，言出必行"，答应的事情就一定要做到，避免让自己陷入信任危机。

（四）分清团队成员职责

明晰团队成员的职责，也就是明确好每项工作的负责人，由他全权负责此项工作的计划与组织实施。分清团队职责需要遵循以下两个原则：

(1) 保证团队成员必须理解自己的工作职责。

(2) 帮助团队成员明确界定他们在实现目标过程中的角色。

（五）恰当处理团队成员之间的"小团伙"问题

团队建设初期，团队成员之间刚刚聚到一起，彼此之间没有利益的冲突。但是随着时间的积累，团队中很容易出现"拉帮结伙"的情况。处理"小团伙"问题需注意以下三点：

(1) 塑造团队"大文化"，以此融合"小团伙"的"小文化"。

(2) 找出"小团伙"形成的主要驱动力，并且建立一套完善的体系将之瓦解。

(3) 培养团队"家"的感觉，如果团队成员都把团队当成自己的家，"小团伙"根本没有任何生存的空间。

第四节　团队合作增进大学生心理健康

团队合作，能不断增进人与人之间的和谐共处，也能提高大学生的心理品质，促进大学生心理健康。

中国全民健心网负责人肖汉仕教授认为：心理素质是在遗传基础之上，在教育与环境影响下，经过主体实践训练所形成的性格品质与心理能力的综合体现。其中的心理能力包括认知能力、心理适应能力与内在动力，对内制约着主体的心理健康状况，对外与其他素质一起共同影响主体的团队行为表现。

构建社会主义和谐社会，核心在于不断增进人与人之间的合作与和谐。在现实生活中，人与人相逢共处是一种缘分，如果所有人都能够珍惜这种缘分，相互关心、相互支持、求同存异、相互合作，就能形成团结和谐的社会局面。所以，我们说和谐社会人人共享，构建和谐人人有责。

在团队合作中我们要着重锻炼和培养大学生以下几个方面的心理素质：

（一）团队合作可以培养责任感

责任意识是指人始终有自觉做好分内应做的事的想法或意愿。它是工作的内动力，是做好多项工作的前提条件。萧乾在《未带地图的旅人（代序）》中说过："倘若公民平时没有点急公好义的社会责任感，大难临头时争先恐后、只顾自己地乱冲，后果真不堪设想。"责任感就是奉献意识。在合作中可以让人懂得：只有付出艰辛，方能增长能力；只有付出认真,才能获得成就。

(二) 团队合作提高自信心

人活着就要与人接触,就要与人交往。团队合作中学生通过与他人的交往,可以学会如何表达自己、理解他人、自然而然地,不知不觉中就提高了相互沟通的能力。不仅交到了朋友,建立了友谊,更重要的是增强了自信。同时,大学生在与他人的交往中学习掌握规则,在合作的过程中,学会处理矛盾和解决冲突,在合作交往中发展人际智能,在交往合作中获得友善和仁慈的品质。

(三) 团队合作展阔胸襟

汉高祖刘邦平定天下以后,设宴款待群臣时说:运筹帷幄,决胜千里之外,朕不如张良。治国、爱民和用兵,朕不及萧何。统帅百万大军,百战百胜,朕不及韩信。但是,朕懂得与这三位天下人杰合作,所以朕能得到天下。反观项羽,连唯一的贤臣范增都团结不了,这才是他失败的原因。

宽容是交往中的一束常开不败的鲜花。在合作中若能容人之短,用人之长,大家才能和谐相处与共存,形成团结开拓进取的生动局面。因此,大学生在学习和生活中要不断地磨炼自己:与人交往时面带笑容,态度和蔼;乐于助人,努力完成别人委托的事情;当自己遇到困难时,能主动及时地求助朋友;与同学共同完成任务时,自己很高兴。

(四) 团队合作其乐融融

"三人行,必有我师焉"。在合作中各自运用自己的特长,取得对方的重视,从而获得信心,这是最有把握合作的方法。在学习上,合作能帮助我们战胜难题;在生活上,合作能让我们获得快乐;在竞赛上,合作能让我们争取到荣誉;在创造中,合作可以让我们分享成功;在游戏中,合作让我们玩得很开心。

二、扩展阅读

螃蟹与狼群

生活在海边的人常常会看到这样一种有趣的现象:几只螃蟹从海里游到岸边,其中一只也许是想到岸上体验一下水族以外世界的生活滋味,只见它努力地往堤岸上爬,可无论它怎样执着、坚毅,却始终爬不到岸上去。这倒不是因为这只螃蟹不会选择路线,也不是因为它动作笨拙,而是它的同伴们不容许它爬上去。每当那只企图爬离水面的螃蟹就要爬上堤岸的时候,别的螃蟹就会争相拖住它的后腿,把它重新拖回到海里。人们也偶尔会看到一些爬上岸的海螃蟹,但不用说,他们一定是单独行动才上来的。

在草原上,有一种动物却演绎出迥然不同的故事,那就是狼。狼团结、勇敢,充满智慧。草原狼捕杀猎物,它们的每一次进攻都堪称经典,

笔记区

笔记区

它们不打无准备之仗，踩点、埋伏、攻击、打围、堵截，组织严密，很有章法。为了不使狼群暴露，独处而被人发现的狼，往往逃向与狼群相反的方向，以牺牲自己来保全群体，这绝非聪明，而是智慧。

狼群很少各自为战，所有的行动都是在狼王的统一调度下进行。只要狼王一声令下，群狼便会排山倒海，勇不可当。即使是它们被牧民和猎狗围困，四面楚歌，它们依然镇定自若，阵形不乱。狼不畏惧死亡，它们为了冲垮马群，不惜牺牲老弱的狼去撕咬外围壮马的肚皮，与马同归于尽。

人们如果能常将螃蟹的"拖后腿"与狼的精神对照起来好好想一想，想过以后该怎样见贤思齐，择善而从，就不言自明了。

（资料来源：①http://article.liepin.com/2014031/316348.shtml ②姜戎. 狼图腾 [M]. 武汉：长江文艺出版社，2004）

三、观赏影片

光辉岁月

《光辉岁月》是由华特·迪士尼影片公司于2001年3月30日在西班牙发行的一部故事片。该片由Boaz Yakin执导，丹泽尔·华盛顿等人主演。

该片讲述的是由于学校合并，在种族歧视气氛很重的情况下，黑人教练出任橄榄球总教练，在面对内忧外患的情况下，依然带领着球队取得胜利的故事。

剧情简介

故事发生在1971年的弗吉尼亚州，观看当地高中橄榄球队比赛对于亚历山大市的市民来说是生活中不可缺少的一部分。但是当一所黑人中学和一所白人中学被迫合并后，橄榄球队的传统优势遭到考验。布恩是一位年轻的黑人教练，刚来校不久，就被任命为威廉姆高中"太阳神队"的主教练。而已有几年执教经验的前任白人主教练比尔，虽平日战绩不错，在队员中也颇具威信，却成了布恩的助手。

当时美国正处在历史上最混乱的时期，黑人要求"取消种族歧视，争取和白人同等公民权利"的呼声日益高涨，各种抗议示威游行此起彼伏。现在改革时机已经成熟，在弗吉尼亚州，布恩和比尔可算是改革的先驱人物之一。虽然两者的背景差距悬殊，但是作为搭档，他们一起工作，并逐渐发现他们除橄榄球之外，还有其他许多共通之处。两人都极富正义感和荣誉感，有很强的职业道德，对工作兢兢业业，一丝不苟。

在两位教练的悉心教导下，不仅将一群脾气恶劣、注意力不集中的孩子调教成了一支富有活力、专打胜仗的橄榄球队，而且引导他们成长为富有责任心的年轻人。自从黑白教头并肩作战后，胜利的消息便不断传回亚历山大市。这座曾因种族偏见而遭分裂的城市重新恢复了统一。白人和黑人市民一起分享自己球队胜利带给他们的无穷欢乐，对橄榄球的共同热爱也结成了他们终生的友谊。虽然历史不可能记住像布恩和比尔这些小人物的名字,但是弗吉尼亚人都记住了"太阳神队"("又译巨人队"),因为它是黑白市民的共同骄傲。

四、练习与思考

1. 团队合作达到共赢的基本要素有哪些?
2. 大学生团队合作中常见的问题是什么?如何解决?
3. 你个人在团队合作过程中有哪些方面最让自己满意?

第六章

抗压耐挫　直面人生

第六章　抗压耐挫　直面人生

G1 感性导言

导　言

（背景音乐）

天将降大任于斯人也，必先苦其心志，劳其筋骨。想要事业有成，人生精彩，压力与挫折就必不可少。当今社会，随着科技的腾飞，经济的飞速发展，社会的急剧变革，在冲击着传统文化的同时，改变着社会的形态和结构，也给人们的心理世界带来了巨大的冲击和震荡。现代人的生活节奏日益加快，竞争越来越激烈，加重了人的心理负荷。在这样巨大压力下如何能够健康地生活，学会"抗压"和排解压力成为人们共同关注的话题。

大学生作为一个特殊的社会群体，同样也会面临着社会转型，改革深化后出现的各种问题。遇到压力和挫折是常有的事，但在压力和挫折面前的表现却因人而异，有的人抗压耐挫能力强，有的人抗压耐挫能力弱，这跟一个人的心理素质有关。抗压能力的高低，会影响一个人的生活与工作的质量，抗压能力越高，就越容易适合社会，所以说，提高大学生抗压耐挫的能力是非常有必要的。

本章的学习希望同学们在体验过程中面对压力与挫折，能够始终保持乐观的心态，逐步感受挫折和压力在生活中的必要性，并且学会如何客观、理性地看待压力，从而提高自己的抗压能力，在压力下完成既定任务。

学习目标

本章通过体验式的教学方法，让学生在活动的过程中，通过指导老师的引导、小组的讨论以及自我的感悟，找到排解压力、正向面对挫折的经验和方法，使学生知道：在人生中到达光辉顶点的人往往不是最聪明的人，而是那些在生活中承受压力、遭受挫折却直面人生的人。

名人名言

每一种挫折或不利的突变，是带着同样或较大的有利的种子。

——爱默生

我以为挫折、磨难是锻炼意志、增强能力的好机会。

——邹韬奋

G2 感人案例

案例一

林肯的故事

1832年，林肯失业了，这显然使他很伤心，但他下决心要当政治

笔记区

家，当州议员。可怜的是，他既无经济实力又没有什么名气，当然竞选也失败了。在一年里遭受两次打击，这对他来说无疑是痛苦的。

为了能够在以后的竞选中处于有利地位，林肯着手自己开办企业，可一年不到，这家企业又倒闭了，在以后一年多的时间里，他不得不为偿还企业倒闭时所欠的债务而到处奔波，历尽磨难。

随后，林肯再一次决定参加竞选州议员，这次他成功了。他内心萌发了一丝希望，认为自己的生活有了转机："可能我要在政坛上平步青云了。"

1835 年他订婚了。未婚妻在仕途上帮他出谋划策，在感情上更是他的精神支柱。但就离结婚还差几个月的时候，未婚妻染病不幸去世。这对他精神上的打击实在太大了，他心力交瘁，数月卧床不起。1836 年，他得了神经衰弱症。

1838 年，林肯觉得身体状况良好，于是决定竞选州议会议长，但他失败了。1843 年，他又参加竞选美国国会议员，但这次仍然没有成功。

林肯虽然一次次地尝试，但却是一次次地遭受失败：企业倒闭、情人去世、竞选败北。要是你碰到这一切，你会不会放弃？

林肯没有放弃，也没有想"失败会怎样？"

1846 年，他又一次参加竞选国会议员，最后终于当选了。两年任期很快过去了，他决定要争取连任。他认为自己作为国会议员表现是出色的，相信选民会继续选举他，结果很遗憾，他落选了。

为了这次竞选他赔了一大笔钱，林肯申请当本州的土地官员。但州政府把他的申请退了回来，做出的解释是："做本州的土地官员要求有卓越的才能和超常的智力，你的申请未能满足这些要求。"

接连又是两次失败。

在这种情况下你会坚持继续努力吗？

你会不会说"我失败了？"

林肯没有服输。

1854 年，他竞选参议员，但失败了；两年后他竞选美国副总统提名，结果被对手击败；又过了两年，他再一次竞选参议员，还是失败了。

林肯尝试了 11 次，只成功了 2 次，但他一直没有放弃自己的追求，一直在做自己生活的主宰，他注定要成为一个伟人。

1860 年，他终于当选为美国总统。

林肯的遭遇你我都曾经历。但面对困难，他没有退却、没有逃跑，而是坚持着、奋斗着。他压根儿就没有想过要放弃努力，他不愿放弃，所以他成功了。

 点评

1. 在成功者面前没有失败，只有暂时的未成功。

2. 一个人克服一点困难也许并不难，但是难的是能持之以恒地坚持下去。

3. 压力和挫折并不可怕，只要你有勇气去面对，它们都是成功的阶梯。

思考

1. 在人生中，压力和挫折占据什么样的位置？
2. 失败与成功之间的关系是什么？

(资料来源：http://www.lz13.cn/lizhigushi/200901118808.html)

案例二

驴子的故事

有一天，某个农夫的一头驴子，不小心掉进一口枯井里，农夫绞尽脑汁想办法救出驴子，但几个小时过去了，驴子还在井里痛苦地哀嚎着。最后，这位农夫决定放弃，他想这头驴子年纪大了，不值得大费周章地去把它救出来，不过无论如何，这口井还是得填起来。于是农夫便请来左邻右舍帮忙一起将井中的驴子埋了，以免除它的痛苦。农夫的邻居们人手一把铲子，开始将泥土铲进枯井中。

当这头驴子了解到自己的处境时，刚开始哭得更凄惨。但出人意料的是，一会儿之后这头驴子就安静下来了。农夫好奇地探头往井底一看，出现在眼前的景象令他大吃一惊：当铲进井里的泥土落在驴子的背部时，驴子的反应令人称奇，它将泥土抖落在一旁，然后站到铲进的泥土堆上面。就这样，驴子将农夫们铲到在它身上的泥土全数抖落在井底，然后再站上去。很快地，这只驴子便得意地上升到井口，然后在众人惊讶的表情中快步地跑开了。

点评

1. 我们在生活中所遭遇的种种困难挫折就是加放在我们身上的"泥沙"。然而，换个角度看，它们也是一块块的垫脚石。同样是面对"泥沙"，但是看问题的角度不同，结果也会不同。
2. 本来看似要活埋驴子的举动，由于驴子处理厄境的态度是积极自救，实际上却帮助了它，这也是改变命运的要素之一，态度改变命运。
3. 挫折是成功的伪装，困境中的出路需要我们用心去寻找。

思考

1. 我们遇到的很多"挫折"和"烦恼"是不是由于我们心态的问题造成的？
2. 我们平时生活中如果遇到这种看似灭顶之灾的事情时，应该如何去面对？

(资料来源：http://wenku.baidu.com/link？url＝kGTnRJJc0_xvxBkXIG2CX053XEd45sfYSi127PKVDI28R0nZrtP1cgoGO－jjebER－rLefUNJhnzjzT1V－Rh4dJshX2mqXiItM0NAVYbIeIq)

笔记区

笔记区

> **心灵鸡汤**
>
> ### 小猪脱臼
>
> 有一个小故事说：一头猪的腰部脱臼，在那里费力地爬着，孙子要去帮猪按摩，爷爷喊住了他，爷爷拿起一个土块向那头猪扔去，那猪吓得挣扎着跑起来，爷爷在后面追赶它，只见那猪跑着跑着腰部便上去了，恢复了正常。
>
> 人遭受挫折就好像小猪脱臼，真正能帮助你的不是别人而是你自己。
>
> 如果，我们在挫折的伤痛中忽视了自己的潜能和改正错误的勇气，一味地等待外力的帮助，这就等于放弃了自己对自己承担的责任和义务，这是一种懒惰和没有出息的做法。
>
> （资料来源：http://www.cufe.edu.cn/pub/zycjdxxww/zckx/4648.htm）

G3 感动体验
体验活动名称：孤岛求生

【活动目的】

（1）让学生通过体验活动懂得挫折是生命的常态，是生活的组成部分。

（2）让学生通过体验活动引发面对挫折时的思考，努力战胜挫折，找到正确对待挫折的方法。

（3）让学生通过体验活动培养积极应对挫折的心态，树立信心，让挫折成为自己向上攀登的垫脚石。

【活动准备】

（1）边长在30厘米左右的正方形塑料垫每组4个。

（2）每组配备助教、学长各一名。

（3）每小组10名成员，男女要搭配。

（4）物品储存箱1个。

【活动过程】

（1）助教带领全体学生做热身活动。

（2）指导教师课程导语（参考）：

世界上没有不劳而获的事，也没有遇不到任何挫折的人。在挫折的面前有些人往往抱怨命运，抱怨它的不公平。学习遇到挫折，退缩了，说难；生活遇到困难，抱怨了，说苦；总是怨天尤人，整日唉声叹气，羡慕别人的成就，悲观自己的前途。但是有些人不会，面对困难，微笑中含着勇敢；面对挫折，微笑中带着自信，最终成就了自己的人生价值。

有这样一个故事：

一个10人的团队在出海旅行中遇到了风暴，他们被冲到了一个荒无人烟的孤岛上，四周是湍急的海水。此时，他们发现了海水中到处都是食人鱼,最糟糕的是,此时正值潮汐,水位正在不断上涨,立足之地越来越小……

面对如此险恶的情况,作为团队中的一员你会如何去做呢?让我们一起进入本次课程的体验活动"孤岛求生"。

(3) 活动规则及安全事项:

①在体验活动过程中,任何同学的脚都不能站在塑料垫之外,脚触地即失败,需重新开始。

②体验活动中不允许使用身外任何工具。

③所有体验者请将身上的尖锐物品(如眼镜、发卡、戒指等)放于物品储存箱,体验活动结束后再取回。

④在体验活动中教师和学长有权制止任何危险动作,所有同学要绝对服从。

(4) 活动目标:

①小组所有同学全部站到塑料垫上并保持一定的时间。

②站立人员多的小组为胜,相同人数时以保持时间长的小组为胜。

(5) 指导教师主持活动过程:

第一轮:四块塑料垫,小组所有成员站在塑料垫上保持 15 秒。

①各小组组长带领小组成员进行 5 分钟的讨论,制定方案。

②各小组根据制定好的方案,站到塑料垫上。

③助教老师负责记录时间,并监督活动完成的质量。

④学长立于队列旁做保护。

第二轮:两块塑料垫,小组所有成员站在塑料垫上保持 10 秒。

重复第一轮①~④步骤。

第三轮:一块塑料垫,小组所有成员站在塑料垫上保持 6 秒。

友情提示

(1) 此活动有一定危险系数,身体有异常者可以不参加。

(2) 助教和学长要仔细检查学生身上是否有尖锐物品(如眼镜、发卡、戒指等),如果有的话要及时提醒放入物品储存箱。

(3) 在第三轮竞赛中可允许各小组重做一次。

背景音乐

(1)《光辉岁月》(伴奏曲)。

(2)《一天一天》(吉他曲)。

(3) 肖邦《小夜曲》。

G4 感悟分享

(1) 指导教师体验活动分享提示语(参考):

人的一生中,每个人都曾有过希望、有过成功,也会历经坎坷和挫折。当在成功中体验幸福和快乐时,我们总是感觉时间的短暂;而遇到

笔记区

笔记区

坎坷，经历挫败时，我们却抱怨度日如年。成功和挫败本来就是双胞胎，上帝是公平的，挫败往往是伴随成功并存。会享受成功的喜悦，也要学会面对挫败，享受成功的喜悦会增加我们的成就感，直面挫败则会提高我们的自信力和忍耐力。

①在体验活动过程中，面对越来越大的压力，你有什么样的心理变化？

②在遇到困难、遭受挫败的时候，你是否能够静下心来找到解决问题的方法？

③通过本次体验活动，你有哪些感悟？

（2）指导老师要求学生以各小组为单位进行活动交流。

（3）由各小组推荐或自荐一名同学上台进行大组分享。

活动感悟（学生填写）

（1）

（2）

（3）

活动点评（老师填写）

（1）

（2）

（3）

心灵鸡汤

压力的效应

有一位经验丰富的老船长，当他的货轮卸货后在浩瀚的大海上返航时，突然遭遇到了可怕的风暴。水手们惊慌失措，老船长却果断地命令水手们立刻打开货舱，往里面灌水。"船长是不是疯了，往船舱里灌水只会增加船的压力，使船下沉，这不是自寻死路吗？"一个年轻的水手嘟囔着。

看着船长严厉的脸色，水手们还是照做了。随着货舱里的水位越升越高，随着船一寸一寸地下沉，依旧猛烈的狂风巨浪对船的威胁却一点一点地减少，货轮渐渐平稳了。

船长望着松了一口气的水手们说："百万吨的巨轮很少有被打翻的，被打翻的常常是根基轻的小船。船在负重的时候，是最安全的；空船时，则是最危险的。"

这就是"压力效应"。那些得过且过，没有一点压力，做一天和尚撞一天钟的人，像风暴中没有载货的船，往往一场人生的狂风巨浪便会把他们打翻。

（资料来源：http://baike.baidu.com/view/1285410.htm? fr = aladdin）

G5 感奋践行

一、知识讲堂

压力与挫折——成功的阶梯

在我们生活中责任和压力不可避免,适当的压力往往能激发我们体内无穷的潜力。有时,抱着破釜沉舟的决心反而更容易通往成功的目的地。所以压力并不是坏事,它可以让我们更加完善;在压力面前不必畏惧,无须退缩,每个看似弱小的生命,都蕴含着无穷的战胜压力的力量。需要的是,我们要挑战自己,正确释放压力并积极提高我们的抗压能力。只有这样,压力和挫折才会成为我们前进路上的垫脚石和通往成功的阶梯。

第一节 压力与身心健康

(一)压力的定义

大庆油田工人王进喜曾说过这样一句话:"井无压力不出油,人无压力轻飘飘。"那么,压力究竟是什么呢?

所谓压力是心理压力源和心理压力反应共同构成的一种认知和行为体验过程。然而,并不是所有的压力都会被认为是压力事件。当人们认为这件事充满压力时,这件事情就是压力事件,而人们不这样认为时,它就不是压力事件了。比如,大学生在求职面试时,不同的人有不同的心态。有的人认为这是一件很恐惧的事情,认为有很大的压力;而有的人则认为是一次难得的机会,充满信心与期望。

心理学研究表明,心理压力水平与人们的活动效果之间呈倒"U"字形曲线关系,即压力过低或压力过高都不利于学习,只有适当的压力才有助于更好地提高学习效率。因为压力适当既能充分调动个人潜能,又不会导致身心过度疲劳。

所以,大学生在学习中和生活中应该有点儿"精神压力"和"紧迫感"。可谓是:油无压力不出,人无压力不进。

(二)大学生压力源及其类型

压力源(stressor)是指引起压力反应的因素,包括生物性压力源、精神性压力源、社会环境性压力源。生物性压力源直接阻碍和破坏个体生存与种族延续的事件,包括躯体创伤和疾病、饥饿、性剥夺、睡眠剥夺、感染、噪声、气温变化等。精神性压力源直接阻碍和破坏个体正常精神需求的内在和外在事件,包括错误的认知结构、个体不良经验、道德冲突以及长期生活经历造成的不良个性心理特点(易受暗示、多疑、嫉妒、悔恨、怨恨等)。社会性压力源直接阻碍和破坏个体社会需求的事件，包括纯社会性的（重大社会变革、重要人际关系破裂等）和由自身状况造成的人际适应问题（如社会交往不良）。造成心理问题的压力源绝大多数具有综合性，在分析求助者心理问题的根源时，必须把三种压力源作为有机整体来加以考虑。往往在生物性或社会性压力源的背后，还隐藏着深层的精神性压力源。

国家社科基金项目研究成果（编号11BKS067）认为大学生压力源从所涉及的活动领域，可分为以下几种类型：

（1）学习压力。如老师的讲课没有吸引力，学习内容难以理解，考试成绩不理想等。

（2）生活压力。如生活费太少，未交学费而被老师多次谈话，饮食、作息习惯发生较大改变等。

（3）发展压力。如没有努力的目标或方向，考级考证的种类太多不知道如何选择等。

（4）环境压力。如寝室人际关系太差，学校食堂饭菜不满意，空气污染严重，学校管理过于严格等。

（5）社交压力。如与同学交往困难、不敢询问老师、没有好朋友、不敢和人沟通、和父母冲突增多等。

（6）婚恋压力。如未婚同居、恋爱失败、单相思、怀孕等。

（三）压力与身心健康

压力会影响人们的身心健康，早已被公认。持续的压力会给人身体、精神、心绪安宁造成巨大的伤害。

上海师范大学应用心理学系傅安球教授说："在强压力或高压力下，（人们）会出现心率加快、血压升高、肌肉紧张、出汗增多、头痛、胃肠功能失调、睡眠不好等生理改变；还会出现注意力下降、自信心不足、焦虑、抑郁、愤怒等消极情绪；另外长期压力之下的个体用压力测量表分析发现，会出现强迫症状、人际关系敏感、敌对情绪、抑郁症状、偏执和恐怖症状等负性表现。"

1. 压力对大脑的影响

压力可以促使大脑皮层释放某些激素，使身体做好处理危险的准备。大脑在一定的压力下思维和应对会更加迅速。但是，达到忍受压力的临界点之后，大脑就无法正常工作，出现记忆力减退、丢三落四、注意力不能集中、丧失意志力、酗酒、吸烟、暴食暴饮等不良习惯。

2. 压力对消化系统的影响

身体进行压力反应的第一步就是促使血液从消化系统转向主要肌肉群。肠胃可能会清空内部物质，使身体做好迅速反应的准备。很多经历压力、焦虑和紧张的人也会出现胃痛、恶心、呕吐、腹泻等症状（医生称为紧张的胃）。长期的阶段性压力和慢性压力与许多消化系统疾病紧密相关，比如应激性的大肠综合征、胃溃疡、大肠炎、溃烂、慢性腹泻等。

3. 压力对心血管的影响

压力会造成高血压。紧张、焦虑、易怒、悲观的人遭遇心脏病突发的可能性更高，事实上，对压力越敏感的人患心脏病的概率也越高。压力也会造成不良的生活习惯，间接地引发心脏病。

4. 压力对皮肤的影响

粉刺等皮肤性问题通常都与激素失调有关，而压力正是造成激素紊乱的重要因素。很多三四十岁的女性会在月经周期的特定时候遭受粉刺的侵扰。压力会延长皮肤问题发生的时间，疲惫的免疫系统则需要更多的时间才能修复各类损伤。

长期压力会导致慢性粉刺的出现，还会引起牛皮癣、麻疹等各类皮炎。

5. 压力会引发疼痛

功能衰退的免疫系统和日益敏感的痛觉都会损害身体的状况，包括慢性疼痛。身体处于压力状态的时候，偏头痛、关节炎、纤维肌疼痛、多发性硬化、骨质退化等都会发生。

6. 压力对免疫系统的影响

当长期释放的压力激素破坏了身体平衡之后，免疫系统就无法正常有效地工作。

7. 压力对疾病的影响

关于哪些疾病与压力有关，哪些疾病与病毒或遗传有关，不是所有的专家都能达成共识。但是，越来越多的科学家相信，身体和精神的相互联系意味着压力能够影响绝大多数的生理问题。反之，生理疾病和伤痛也会影响压力。如此，形成一个不良循环：压力—疾病—更多压力—更多疾病。

8. 压力对情绪的影响

压力能够引起多种精神和情绪的反应，反之，这些反应也能引起压力。情绪压力有很多种形式，社会应激中的工作压力，即将来临的重大事件，恋人、同学、父母之间的感情问题，亲人离世等，这些生活中的突发变化都会促发情绪压力，关键在于如何看待这些事情。

情绪压力会使人失去自尊，悲观厌世，渴望自我封闭等。

情绪压力非常危险，相对身体压力而言，人们更容易忽视情绪压力。然而两者对身体和生活的伤害却是同等的。找出情绪压力的源头是压力管理的关键。如果你能同时关注身体压力和情绪压力，生活将会更加轻松。

心灵鸡汤

学会放下

一知名教授曾向他的听众这样讲述如何正确对待压力。

他举起一杯水，问道："这杯水有多重？"

听众的回答从20克到500克，各有不同。

"其实这杯水具体多重并非关键，关键在于你举杯的时间。如果你举

笔记区

了一分钟,即便杯子重 500 克也不是问题,如果你举杯一个小时,20 克的杯子也会让你手臂酸痛,如果你举杯一天,恐怕就需要叫救护车了。同一个杯子,举的时间越长,它会变得越重。"

"倘若我们总是将压力扛在肩上,压力就像水杯一样,会变得越来越重。早晚有一天,我们将不堪其重。正确的做法是,放下水杯,休息一下,以便再次举起它。"

生活的压力也是如此,需要我们常常放下,使我们有时间补充体力,焕发精神,迎接新的更大的挑战。

放下……

是为了更好的明天。

(资料来源:http://book.sina.com.cn/nzt/live/spi/lingyangweishimobenpao/8.shtml)

第二节 大学生的压力应对及自我调适

(一) 主动应对,变压力为动力

既然压力不可避免,同时压力又具有两重性,那么作为当代的大学生就应当积极应对,变被动为主动。积极地适应压力,对压力情境进行积极的再评价。将注意力从压力事件本身和消极情绪中转移到如何应对压力、如何解决问题上来,远离负面情绪,避免悲观失望,绝不坐以待毙。用积极的认知和积极的情绪来面对逆境,我们就能获得自身能力的锻炼和提高,并能采取积极的行动化解压力导致的危机和困境。

2004 年雅典奥运会女排冠军争夺战中,中国女排在开始连丢两局,到最后 3∶2 逆转,场面惊心动魄。队员们不单单是顶住了压力,更可贵的是将其化为动力。五局比赛的激烈程度比分是一个很好的说明(中国女排在前):28∶30、25∶27、25∶20、25∶22 和 15∶12。

第二次世界大战时期,德国军队攻打莫斯科,已经能看到红场的旗帜了。这时,苏联军队说:我们不能再后退了,后面就是莫斯科,后面就是斯大林格勒①,苏联军队必须赢。在空前的压力下,苏军赢得了战争的胜利。

吴清源是棋坛的一位高手,曾多次登上棋坛霸主的宝座,可有一次竟败给了新手坂田。吴清源过后寻找失败的原因,发现自己背上了"名誉"的包袱,十分担心被新人打败。而坂田刚刚出道,不曾像吴清源那样获得过无数嘉奖和荣誉,因此只是全身心投入,不患得患失,结果就在这种沉着、冷静、轻松的状态下打败了吴清源。

吴清源不是败给了别人,而是输给了"压力"。这件事对吴清源的触动很大。从此,他调整心态,放下"包袱",始终以一个普通棋手的姿态面对每一场比赛,集中精力,发挥出自己应有的水平。他不仅赢得了比赛,更赢得了对手的敬重。

---

① 斯大林格勒:今为伏尔加格勒。

> **心灵鸡汤**

大多数人都能承受很大的压力

美国麻省的艾摩斯特学院曾经做了一个很有意思的实验。实验人员用很多铁圈把一个小南瓜整个箍住,然后观察当南瓜逐渐长大时,能够承受铁圈多大的压力。

最初他们估计南瓜最大能够承受大约500磅的压力。在实验的第一个月,南瓜承受了500磅的压力;实验到第二个月时,这个南瓜承受了1 500磅的压力;当它承受到2 000磅压力时,研究人员必须把铁圈捆得更牢,以免南瓜把铁圈撑开。

最后整个南瓜承受了超过5 000磅的压力,瓜皮才产生破裂。他们打开南瓜后发现瓜已经不能吃了,因为在试图突破铁圈包围的过程中,它的果肉变成了坚韧牢固的层层纤维。为了吸收充分的养分,以突破限制它成长的铁圈,它的根部甚至延展超过8万英尺[①],所有的根往不同的方向全方位地伸展,最后这个南瓜独自接管了整个培植园的土壤与资源。

南瓜能够承受如此庞大的压力,那么人类在逆境下又能够承受多少的压力呢?

大部分人并不知道自己有多坚强。

但是,大多数人能够承受的压力一定会超过自己的预期。

(资料来源:http://www.zreading.cn/archives/2274.html)

(二) 面对压力的自我调适

自我调适是指从自我出发调节自身的心理,使之得到平衡。自我调适是大学生化解压力保持心理健康的一个重要的途径,恰如俗话所说"解铃还须系铃人"。

自我调适的方法主要有以下几种:

(1) 自我反思法。通过对自己的反思,找到自己在压力问题上的错误认识。比如,了解自身思想是否脱离实际,对自身条件估计是否准确,对问题是否夸大,等等。找出自身压力问题发生的根本原因,然后对症下药。

(2) 自我慰藉法。在大学生活和学习过程中,大学生遇到点压力是很正常的,当经过主观努力仍无法改变时,可适当进行自我安慰,以缓解心理压力,保持稳定的情绪。遇到因问题而引起的焦虑、烦躁、抑郁、失落等情绪时,可用"亡羊补牢,犹未为晚""塞翁失马,焉知非福"等话来安慰自己,以解除烦恼与痛苦。

(3) 自我暗示法。多给自己积极的心理暗示,让自己自信满满,给自己加油鼓劲,让自己兴奋与振作。

(4) 自我激励法。自我激励主要是指用生活中的哲理、榜样或明智

[①] 1 英尺 = 0.304 8 米。

的思想观念来激励自己，同各种不良情绪做斗争，坚信未来是美好的。

（5）适度宣泄法。当遇到各种矛盾冲突，或压力过大引起不良情绪时，可适当地发泄，可以向老师和同学们倾诉自己的烦恼、苦闷，使不良情绪得到疏导；也可以通过体育活动来排遣，如打球、游泳、登山等。但自我宣泄时，要注意场合，注意身份，把握好尺度，以免影响他人，或伤害他人，造成不必要的损失。

除了以上传统的自我调适方法外，现在国内外非常流行"休闲疗法"，其方法主要有以下几种：

1. 香气疗法

目前在世界上比较流行，人在芬芳的环境下能够舒缓紧张的神经。在这种芳香的环境中，做一做伸展运动、练一练瑜伽，都有助于应对压力。同时，水温是 38~40℃ 的洗澡水，能促进血液循环，使人得到镇静，不妨试试以洗澡来解压吧！

2. 阅读疗法

适当地阅读不仅能增长知识，还可以安定人的情绪。所以，在你充满压力的时候，不妨拿一本自己喜欢的小说、漫画或者幽默故事来阅读吧！

3. 音乐疗法

对于大多数大学生而言，音乐是日常生活中必不可少的调味剂。音乐能培养人的理性思维。优美的声音形态浓缩而成的生动可感的音乐形象，使人产生身心共鸣，在美的意境中进入人的潜意识层，逐渐沉淀为由直觉转化的理性。音乐也能影响人的生理。常见的减压放松曲目有《春江花月夜》《高山流水》《蓝色的多瑙河》等。

4. 电影疗法

在充满压力的时候，可以根据具体情况和个人喜好来选择看一部电影，要么放声痛哭发泄负性情绪，要么开怀大笑抛开烦恼。

此外，也可以选择适当地吃点零食。当食物与嘴部皮肤接触时，一方面它能够通过皮肤神经将感觉信息传到大脑中枢，而产生一种慰藉，使人通过与外界物体的接触而消除内心的压力；另一方面当嘴部接触食物并进行咀嚼和吞咽运动的时候，可以使人对紧张和焦虑的注意力转移到嘴部，在大脑摄食中枢产生另外一个兴奋灶，从而使紧张兴奋区得到抑制，最终使身心得到放松。

第三节 挫折及其心理防御

（一）挫折的定义

挫折是指人们在有目的的活动中，遇到难以克服或自认为是无法克服的障碍或干扰，使其需要不能得到满足或动机不能得到满足而产生的障碍。心理学指个体有目的的行为受到阻碍而产生的紧张状态与情绪反应。

挫折包括三个方面的含义：

一是挫折情境，指对人们有动机、目的的活动造成的内外障碍或干扰的情境状态或条件，构成刺激情境的可能是人或物，也可能是各种自然、社会环境。

二是挫折认知，指对挫折情境的知觉、认识和评价。

三是挫折反应，指个体在挫折情境下所产生的烦恼、困惑、焦虑、愤怒等负面情绪交织而成的心理感受，即挫折感。其中，挫折认知是核心因素，挫折反应的性质及程度，主要取决于挫折认知。

一般来说，挫折情境越严重，挫折反应就越强烈；反之，挫折反应就越轻微。但是，只有当挫折情境被主体所感知时，才会在个体心理上产生挫折反应。如果出现了挫折情境，而个体没有意识到，或者虽然意识到了但并不认为很严重，那么，也不会产生挫折反应，或者只产生轻微的挫折反应。因此，挫折反应的性质、程度主要取决于个体对挫折情境的认知。

挫折反应和感受是形成挫折的重要方面，个体受挫与否，是由当事人对自己的动机、目标与结果之间关系的认识、评价和感受来判断的。对某人构成挫折的情境和事件，对另一人不一定构成挫折，这就是个体感受的差异。正如巴尔扎克所说："世上的事情，永远不是绝对的，结果完全因人而异。苦难对于天才来说是一块垫脚石，对于能干的人是一笔财富，而对于弱者是一个万丈深渊。"

心灵鸡汤

品尝黑暗

法国巴黎市郊区，有一家名叫"黑暗滋味"的餐馆。这家餐馆与其他普通的餐馆没有太大的区别，唯一令人称奇的是这家餐馆在营业时，里面没有用来照明的灯；而且该店雇用的侍者，也大都是经过"特殊"培训的盲人。

在这家"黑暗滋味"餐馆里，曾经发生过许多有趣的事情。有一对感情濒临破裂的夫妇，在离婚之前，决定在一起吃最后一顿饭。他们为了避免尴尬，便选择了这家"黑暗滋味"餐馆。在用餐的时候，妻子不慎被打碎的酒瓶划破了手指。丈夫一边安慰着她，一边疼惜地掏出手帕来，摸黑为即将与他分手的妻子包扎伤指。当他俩一起走出餐馆的时候，妻子才发现丈夫的一个手指也在朝外渗着血，原来刚才他急于给她包扎伤指，自己的手指也触在了那些碎玻璃碴上。不知为什么，她紧紧地抱住了丈夫……

有记者慕名来采访这家餐馆的老板，问他："为什么要开办这么一家独特的餐馆呢？"老板意味深长地说："只有品尝黑暗，才能真正感受阳光的珍贵。"

（资料来源：http://www.xiexingcun.com/Story/08/www163164com0164.htm）

（二）挫折的基本类型

按障碍的来源，大学生的挫折可分为外部挫折和内部挫折两种。

笔记区

1. 外部挫折

这是由于外部障碍而使目的无法实现所引起的挫折，它又可以细分为以下五种：

（1）缺乏性挫折。即由于外部条件不充分，致使目的无法实现、需要无法满足而形成的挫折。如由于长时期在家庭、学校得不到父母、老师的认可，一些学生感到自己是一个被遗忘了的人；学习成绩一直不好，得不到老师和同学的赞扬，致使自尊的需要难以满足。

（2）损失性挫折。指需要一直得到满足，由于外部条件的突然变化而不再得到满足所引起的挫折。如一个中学时的优等生，进入大学后，可能成为中等生，甚至差生。原来得到满足的自尊等需要，一下子中断不能得到满足，产生烦恼、焦虑等，就属此类。

（3）障碍性挫折。由于受到来自外界的积极的或消极的干扰阻止，而不能达到满足需要的目标所引起的挫折。如有的学生违反课堂纪律受到老师的制止，就是由于受到外部的积极干预；一个学生正在学习，由于另一个学生的捣乱，使之欲学不能，就是受到外部的消极干预。

（4）自然性挫折。如遭遇天灾人祸等。

（5）社会性挫折。由于社会的政治、经济、法律、道德、风俗习惯等社会因素，与个人的行为发生抵触而使人产生的挫折。如由于不正之风使自己在就业的竞争中失利而感到的挫折。

2. 内部挫折

这是由于个体内部条件的限制致使需要不能满足而引起的挫折，可细分为三种：

（1）抑制性挫折。指自己从心底里抑制需要的满足而引起挫折。如一个学生，当别人问他问题时，他因害怕耽误自己的学习而不愿帮助同学，事后又很后悔，觉得不应该这样做。

（2）缺陷性挫折。指由于生理上的缺陷或其他个体内部条件的缺陷而不能满足需要所引起的挫折。如某学生一心想参加校篮球队，但由于身材太矮，未能如愿。

（3）损伤性挫折。指由于身体突然受到损伤而引起的挫折。如由于意外事故，不能登台演出，从而失去了表现自己艺术才能的机会。

按障碍的内容，挫折可分为：

（1）学习性挫折。如学习成绩不稳或下降，达不到既定目标，不能考上理想学校，无机会显示自己的爱好和兴趣，求知欲望得不到满足。

（2）交往性挫折。由于个性特点造成在人际交往上的障碍，或是由于自身修养差，注重个人利益，自以为是，对自己存在的不足不能正确认识，致使其在群体中很不受欢迎。

（3）志趣性挫折。如个人的兴趣和爱好得不到家长和老师的支持，却受到过多的限制和责备等。

（4）自尊性挫折。如得不到老师和同学的信任，常受到轻视和忍受委屈；自我感觉多方面的表现都很好，却没有能评上"优秀学生"，没有竞选上班干部或社团干部；父母和教师管得严、压得紧，没有自由等。

（5）情境性挫折。特定的时空限制所造成的挫折。如孤身在外求学，因为条件的限制，不能经常回家与家人团聚所产生的孤寂感。

（三）心理防御机制

心理防御机制最早是由奥地利医生弗洛伊德提出来的，它是指一个人面对挫折或者说面对应激、目标受挫、创伤、丧失、冲突等心理上的种种困难，心理平衡遭到破坏，感到困扰、不适应，甚至体验到痛苦的折磨时，其"自我"就潜意识地运用一些防御措施来保护自己的机制。这是人在心理上摆脱痛苦、减轻不安、恢复情绪、平衡心理的自卫的适应办法，所以又叫作心理自卫机制。例如，鲁迅笔下的阿Q在被别人欺负而无法招架时，用"精神胜利法"来减轻被别人欺负的负性情绪和消极感受。

挫折的心理防御机制主要有以下几种：

1. 合理化

当我们遭遇某种心理困境时，为了自己心理上的需要，可以从一大堆理由中选择其中一些合乎自己内心需要的理由来自慰，以减轻精神痛苦和挫折感。当然，合理化机制只是暂时用来缓解心理困境，不能从根本上解决问题。

2. 压抑

当我们的愿望、冲动或本能不被意识所接受或无法满足时，会不知不觉地被压抑在无意识中或被延期满足。如某男大学生看见一位聪明活泼的女生时，就有可能产生一种想入非非的念头，但马上意识到这是违反社会期望的念头时，就会自觉地打消这种不好的想法。但如果将正常应有的欲望压抑下去，则会产生不好的后果。

3. 外射

当我们遇到自己不希望遇到的困境时，可将这种现象和事情推到其他人身上，认为别人也是如此，外射机制有利于我们释放心理压力。

4. 内射

与外射相反，内射是指将别人身上的好的东西，吸收到自己内心里，变成自己人格的一部分。偶像和英雄的力量是无穷的，在大学生成长、成才过程中树立起好的偶像与榜样，是十分必要的。

5. 幽默

这是一种非常积极的心理自卫机制。当我们遇到尴尬处境时，可以用幽默来化解心理困境，给别人以欢乐，给自己以心理平衡。如别人笑你长得丑，可以用"我很丑，可是我很温柔"来自嘲。

6. 补偿

一个人在心理上、生理上和学习上总有不如意的时候，完全可以通过其他途径来补偿。如长相平平，可以通过默默耕耘在智慧的天地里收

笔记区

获不凡的成绩。古人云"失之东隅，收之桑榆"，不无道理。

7. 升华

这是一种最为理想的心理防御机制。当一个人处在挫折、冲突和应激等心理困境之中时，可将自己本能的或低级的动机和需要，转变为符合社会期望的较高层次的动机和需要，并付诸行动，促进个人和社会的健康与发展。歌德失恋后，写出了《少年维特之烦恼》，司马迁身陷囹圄而作《史记》，屈原遭放逐而赋《离骚》，这些精神一直为后人所传颂。

心理故事

老鹰与蜗牛

世界上只有两种动物能到达金字塔顶。一种是老鹰，还有一种，就是蜗牛。

老鹰和蜗牛，人们很少把它们联系在一起。它们是如此的不同：鹰矫健、敏捷、锐利；蜗牛弱小、迟钝、笨拙。鹰残忍、凶狠，杀害同类从不迟疑；蜗牛善良、厚道，从不伤害任何生命。鹰有一对飞翔的翅膀；蜗牛背着一个厚重的壳。

与鹰不同，蜗牛到达金字塔顶，主观上是靠它永不停息的执着精神，客观上则应归功于它厚厚的壳。蜗牛的壳，非常坚硬，它是蜗牛的保护器官。据说，有一次，一个人看见蜗牛顶着厚重的壳艰难爬行，就好心地替它把壳去掉，让它轻装上阵，结果，蜗牛很快就死了。正是这看上去又粗又笨、有些负重的壳，让小小的蜗牛得以万里长征，到达金字塔顶。在登顶过程中，蜗牛的壳和鹰的翅膀，起的是同样的作用。可惜，生活中，大多数人只羡慕鹰的翅膀，很少人在意蜗牛的壳。

（资料来源：http://www.jxteacher.com/xz/column9232/1e178025-62bb-4742-bfe7-d274c58e4417.html）

（四）挫折是迈向成功的踏脚石

挫折是一笔可贵的财富，没有人会不劳而获。在通向成功的道路上，你不仅要付出汗水，更要勇敢地面对挫折与失败。从挫折中吸取教训，这是迈向成功的踏脚石。

哈佛大学的一位教授讲过这样的一件事情：

几年前，他把毕业班的一个学生的成绩打了个不及格，这件事对那个学生打击很大。因为他早已做好毕业后的各种计划，现在不得不取消，真的很难堪。当时，他只有两条路可走：第一是重修，下年度毕业时才能拿到学位。第二是不要学位，一走了之。

在知道自己不及格时，他非常失望，并找这位教授要求通融一下。在知道不能更改后，他大发脾气，向教授发泄了一通。这位教授等他平静下来后，对他说："你说的大部分都很对，确实有许多知名人物几乎不知道这一科的内容。你将来很可能不用这门知识就获得成功，你也可能一辈子都用不到这门课程里的知识，但是你对这门课的态度却对你大有影响。"

"你是什么意思？"这个学生问道。

教授回答说："我能不能给你一个建议呢？我知道你相当失望，我了解你的感觉，我也不会怪你。但是请你用积极的态度来面对这件事吧。这一课非常非常重要，如果不由衷培养积极的心态，根本做不成任何事情。请你记住这个教训，五年以后就会知道，它是使你收获最大的一个教训。"

后来，这个学生又重修了这门功课，而且成绩非常优异。毕业前，他特地向这位教授致谢，并非常感谢那场争论。

"这次不及格真的使我受益无穷。"他说，"看起来可能有点奇怪，我甚至庆幸那次没有通过。因为我经历了挫折，并尝到了成功的滋味。"

我们都可以化失败为胜利。从挫折中吸取教训，好好利用，就可以对失败泰然处之。

英国劳埃德保险公司曾从拍卖市场买下一艘船，这艘船 1894 年下水，在大西洋上曾遭遇 138 次冰山，116 次触礁，13 次起火，207 次被风暴扭断桅杆，然而它从没有沉没过。劳埃德保险公司基于它不可思议的经历及在保费方面给公司带来的可观收益，最终决定把它从荷兰买回来捐给国家，现在这艘船就停泊在英国萨伦港的国家船舶博物馆里。不过，使这艘船名扬天下的却是一名来此观光的律师。当时，他刚打输了一场官司，委托人也于不久前自杀了。尽管这不是他的第一次辩护失败，也不是他遇到的第一例自杀事件，然而，每当遇到这样的事情，他总有一种负罪感，他不知该怎样安慰这些在生意场上遭受了不幸的人。当他在萨伦船舶博物馆看到这艘船时，忽然有一种想法，为什么不让他们来参观这艘船呢？于是，他就把这艘船的历史抄下来，并和这艘船的照片一起挂在他的律师事务所里，每当商界的委托人请他辩护，无论输赢，他都建议他们去看看这破船。它使人们知道：在大海上航行的船是没有不带伤的。

所以，大学生朋友们一定要记住，千万不要把失败的责任推给你的命运，要仔细研究失败的实例。如果你失败了，那么继续学习吧。这可能是你的修养或火候还不够好的缘故。有不少的大学生，他们一辈子都浑浑噩噩，碌碌无为，他们对自己一直平庸的解释不外是"运气不好""命运坎坷""好运未到"，他们遇到困难和挫折时，只想得到别人的同情或帮助，却很少有自己的坚持和努力。所以，他们一直都想不通，自己为什么没有成功。也正因为这一点，才一直找不到使他们变得更伟大，更坚强的机会。

二、扩展阅读

人有千面　情分四种

人类是一种具有丰富情感的动物，人们的感情或心态通常可以通过其面部表情得以观察到。相信喜欢美剧的人大多看过电视剧《别对我说

笔记区

谎》（Lie to me），剧中主角卡尔·莱特曼层出不穷的辨谎技巧令人叹服，而他的一个重要手段就是通过面部表情读出别人的各种想法，其犀利的眼神往往让对手无所适从。

据称，卡尔·莱特曼这个人物是以美国著名心理学家保罗·埃克曼博士为蓝本。后者经过多年研究提出，不同文化的面部表情都具有共通性，而人类则共有六种基本情绪：快乐、悲伤、恐惧、愤怒、惊讶和厌恶，这六种情绪可以通过特定的面部表情进行识别，而不论语言或文化上的差异。保罗·埃克曼的这一观点得到人们的普遍认可。

而最近，英国格拉斯哥大学的研究人员对这一观点提出了挑战，他们发表在《当代生物学》杂志上的研究认为，人类的基本情绪只有快乐、悲伤、恐惧和愤怒四种，而非埃克曼博士所称的六种。

埃克曼根据人脸的解剖学特点，将人脸划分成若干既相互独立又相互联系的运动单元，并分析这些运动单元的运动特征及其所控制的主要区域以及与之相关的表情，最终开发出了面部动作编码系统来描述人类面部表情。格拉斯哥大学的研究人员同样是对不同面部肌肉的活动情况进行研究，但却得出了与埃克曼不同的结论。

为了能够对面部表情进行实时、动态的观察，研究人员利用特殊技术和软件开发出一种名为面部语法生成平台的工具，用来合成所有的面部表情。他们利用照相机捕捉志愿者面部的三维图像，然后基于不同面部肌肉的运动情况，通过计算机生成模拟所有面部表情的三维模型。这些志愿者都经过了专门的训练，他们可以激活面部所有的42块肌肉。在建立面部表情三维模型之后，研究人员通过观察志愿者在进行各种真实体验时的面部表情与情绪表达情况，来印证面部肌肉运动与情绪表达之间的对应关系。

研究人员发现，在埃克曼所定义的六种基本情绪中，快乐和悲伤的面部表情信号始终都是明显不同的，而恐惧和惊讶、厌恶与愤怒的初始信号表达则无法分清，只有在其他面部肌肉被激活以后，情绪表达才会清晰起来。具体来说，恐惧和惊讶的早期动态面部表情信号是一样的，都是睁大双眼，而愤怒和厌恶的初期信号则都是皱鼻子。研究人员认为，这些可能是预示危险的早期基本信号，在其后经过其他面部表情信号的参与，才最终形成所谓的六个"经典"情绪的面部表情。据此，研究人员认为，保罗·埃克曼关于人类基本情绪有六种的说法并不准确，人类的基本情绪只有四种：快乐、悲伤、恐惧（惊讶）和愤怒（厌恶）。

"我们的研究结果是符合进化理论的，这些面部表情信号是人类在面临生理和社会的进化压力情况下产生的。"该研究项目带头人、格拉斯哥大学神经科学和心理学研究所的瑞切尔·杰克博士说。

杰克博士认为，早期危险信号的最大用处是让人在面临危险时可以迅速逃跑，而人类面部肌肉的运动可以强化人的先天优势，增加逃离危险的概率：皱鼻子可以防止有害物质的吸入，睁大眼睛则可以观察到更多利于逃跑的有用信息。

"我们的研究表明,在面部情绪表达过程中,并不是所有的面部肌肉都在同一时间参与运动,而是随着时间的推移逐步形成一种从生理本身到社会特性的多层次信息表达。"杰克博士表示,"研究表明,人类基本的面部表情信号会被时间分成几个片段,随着时间的推移形成一个层次化的信号体系,从以生理为基础的基本信号体系转向更复杂的社会信号体系。"

她指出,在人类发展过程中,社会生态的多样性使得一些一度共通的面部表情更具有了区域特色,不同文化间人们面部表情信号的数量、种类以及形式都有了一定的改变。比如,东亚人多是通过眼睛来表达各种情绪,而西方人则更多地通过嘴巴来表达喜怒哀乐。

三、观赏影片

阳光小美女

《阳光小美女》是由乔纳森·戴顿和维莱莉·法瑞斯共同执导的一部家庭喜剧电影,由艾伦·阿金、阿比吉尔·布莱斯林和史蒂夫·卡瑞尔等联袂出演。影片于 2006 年 7 月 2 日在美国洛杉矶电影节率先放映。电影讲述胡弗斯一家总是有着各种各样的理不清的问题,可当 7 岁的小女儿奥利弗听到广播中传来的"阳光小美女"选美比赛那一刹那,他们决定没有什么比小女孩的大梦想更为重要。这个六口之家随即踏上了从小镇阿尔伯克基长途跋涉到加州参加比赛的路途。

剧情简介

胡弗一家六个人的个性都很怪异,每个人都有自己的问题,但同时每个人都不愿意花时间去倾听别人的问题,因此家里的餐桌常常成为争吵爆发的战场。直到某一天,7 岁的小女儿奥利弗在大家争吵间隙听到广播里传来"阳光小美女"选美比赛的消息时,发出了兴奋的尖叫声,终于暂时平息了正在进行的激烈争吵。

在奥利弗的极力争取下,胡弗一家决定陪伴着她集体踏上寻梦之旅,从阿尔伯克基驾车长途跋涉到加利福尼亚,参加这场"阳光小美女"选美比赛。一路上除了要面对家里这辆陈旧的大众旅行车不断罢工的技术性问题,胡弗一家还要接受心灵上的考验。

在这条为小女儿寻梦的道路上,每个人的梦想都在经历不断的碰撞和破灭。一直深信自己成功法则的父亲成了被自己鄙夷的失败者,为飞行梦想发哑誓 9 个月的哥哥遭遇了梦想的破灭,奥利弗在比赛中大跳爷爷为她排练的脱衣舞引来全场嘘声一片,感情事业失败寻死的舅舅碰上了意气风发的旧情人和情敌,还有吸毒过量暴毙的爷爷以及他同世俗开的大大玩笑。

一家子"输家"在一路上的种种经历,让我们可以重新定义主流价值观中的成功与失败:生活还得继续,一切并不是只有输赢两个结果。

笔记区

笔记区

四、练习与思考

1. 什么是压力？
2. 压力对身心健康有影响吗？
3. 挫折的防御机制主要有哪些？
4. 为什么说挫折是迈向成功的踏脚石？

第七章

欣赏激励　灿烂生活

G1 感性导言

导　言

（背景音乐）

每个个体的内心，都是希望被别人赞美和欣赏的，而欣赏会形成激励的效果，这样个体就被正能量所包围。学会欣赏是大学生成人的必修课，欣赏是激励和引导，是理解和沟通，是信任和支持，它能让平凡的生活蜕变为美丽和谐的艺术。有了欣赏，一切美好愿望都具备了实现的可能性。学会欣赏，懂得欣赏会让我们的生活更加充实。

希望同学们在体验过程中感受欣赏的重要性，懂得"每个平淡无奇的生命都蕴含着一座丰富的金矿"，我们需要的是用心去发现和挖掘自己的优势。

学习目标

本章通过体验式的教学方法，教会学生在生活中用积极的心态，正确地看待自己，张开怀抱肯定他人，能积极参与并融入所在的团队中；帮助学生树立积极的自我意识和自我评价方式。

名人名言

人性的弱点之一就是喜欢别人的赞美。赞美他人时，注意场合、尺度、对象，要恰到好处，要真诚。

——戴尔·卡耐基

赞扬，像黄金钻石，只因稀少而有价值。

——塞缪尔·约翰逊

称赞不但对人的感情，而且对人的理智也起着很大的作用。

——列夫·托尔斯泰

G2 感人案例

案例一

身价百万不知晓

一位老人在湖边垂钓，旁边坐着一个愁眉不展的男青年。

老人问："为何总是这样垂头丧气？"

"唉，我是个穷光蛋，一无所有，哪里开心得起来？"青年人非常郁闷地答道。

老人仔细地看了看青年人，想了想说："那这样吧，我出20万元买

笔记区

笔记区

走你的自信心。""没有点自信心我就什么也做不了了，不卖！"青年人头摇得像拨浪鼓。

"再出 20 万元买你的智慧，你可愿意？"老人继续出价。

"一个空空的头脑什么也做不了。"男青年想都没想一口拒绝。

"我再出 30 万元买走你的外貌。"老人望着青年人的面容说道。

"没有了外貌活着还有什么意思，不卖。"青年人答道。

"这样吧，最后再出 30 万元买你的勇气，如何？"老人笑嘻嘻地询问道。

"我可不想成为一个一蹶不振的人。"青年人愤愤地欲转身离去。

老人忙挽留并缓缓说道："慢，你看，我分别用 20 万元买你的自信心，20 万元买你的智慧，30 万元买你的外貌，30 万元买你的勇气，这些一共是 100 万元，你都没有同意卖，年轻人，你拥有着 100 万元，你还能说你是穷光蛋吗？"

男青年瞬间恍然大悟，一切都明白了……

 点评

1. 年轻人并不是一无所有，只是没有看到自己存在的价值。
2. 成天就知道埋怨命运的人，会错失很多成功的机会。
3. 每个看似平淡无奇的生命中，其实都蕴藏着一座丰富的金矿。

 思考

1. 年轻人明白了什么？
2. 你的宝藏已经被挖掘了多少？

（资料来源：http://blog.sina.com.cn/s/blog_615157b50100o9uo.html）

案例二

好老师与好学生

1968 年，哈佛大学教授罗森塔尔博士曾在加州一所学校中做过一个著名的实验。新学年开始时，他让校长把三位老师请进办公室，对他们说："根据过去三四年来的教学表现，你们是本校最好的老师。为了奖励你们，今年我们特别挑选了三个班的学生让你们教，他们是全校最聪明的学生，这些学生的智商比同龄孩子都要高，希望你们能有更好的成绩。"老师们露出掩饰不住的喜悦。临出门时，校长又叮咛：要像平常一样教他们，不要让孩子或家长知道他们是被特意挑选出来的。

一年之后，这三个班学生的成绩是整个学区中最优秀的，比平均分数值高出两三成。这时候校长才告诉老师们真相：这些学生并不是选出来的优秀学生，而只是抽选出来的普通学生。三位老师万万没有想到事实会如此，看来只有归功于自己教得好。校长又不好意思地告诉他们一个真相：他们三个也是在老师中随机抽出来的。

实验的过程与结果确如博士所料：这三位老师觉着自己很优秀，于是对工作充满了信心和自豪，教学中自然也就格外卖力气。同时，他们认为自己的学生都是好学生，努力工作肯定会有好的结果，于是在教学中更加仔细和认真，并且不断地在改变着自己的教学方法，以便让学生学得更好。

这样的结局在实验开始前就已想到了，结果教师和学生全部真的优秀起来了。

 点评

1. 人人都渴望得到欣赏和赞赏，并且会朝着别人期待的方向发展，变得越来越好。

2. 欣赏可转变为动力，激励人们前行。

 思考

1. 你被人欣赏过吗？
2. 欣赏带给你什么样的力量？

（资料来源：http://wenku.baidu.com/link? url = sUDBxAlI8IsoR0n2PG6etW4tqoja0mRbWmfQvUr5snsdi_ Qw4IhpWVszOPwvZbH – Ebyb – id6MEYickYy1QlNAwIpfzIZ2rdrwsjjdYbl7fS）

G3 感动体验
体验活动名称：贴标签

【活动目的】

（1）让学生通过体验了解消极自我标签的危害。
（2）让学生通过体验学会改变、撕开自身消极的自我标签。
（3）让学生通过体验学会在生活中给自己贴上积极的自我标签。

【活动准备】

（1）卡片纸每位学生两张。
（2）笔，人手一支。
（3）音乐视频《我真的很不错》。
（4）助教一名。

【活动过程】

（1）指导教师课程体验活动导语（参考）：

心理学家曾做过这样一个试验：用一块透明挡板把一个大水箱隔开，两边分别放入一条饥饿的鳄鱼和一群小鱼。鳄鱼立即向小鱼猛冲过来，结果未能如愿。它不甘心，重新发动攻击，仍然撞在挡板上，反复攻击后，鳄鱼被撞得头破血流，彻底绝望，于是不再白费力气，躺在水中一动不动。

这时，心理学家将挡板撤掉，小鱼在鳄鱼眼前游来游去，可鳄鱼麻木迟钝到了极点，对此无动于衷，最后被活活饿死。

这是为什么呢？

笔记区

　　自我意象心理学的先驱之一普莱斯科特·雷奇认为，人的个性是"一套思想体系"，它是整合一致的体系。与这个体系不一致的思想会受到排斥而不能引导行为，与这个体系一致的思想则会被采纳而引导人们的行为。个性的中心或者说这套思想的中心就是个人的"自我意象"。

　　所谓"自我意象"就是一个人对自我所刻画和认可的自我"图像"或"肖像"，是人对自己是什么人、能干什么的认知和评价。

　　如果人的自我意象是消极的，成功也被解释为偶然，失败则被解释为必然。他们会自觉不自觉地收集佐证强化自己消极的自我意象。因此，改变自己必须改变自我意象。如果学生对某门科目的学习有困难，事半功倍的方法就是首先改变自我意象，改变自我观念，由消极的自我意象变成积极的自我意象。

　　意象就是人们通过不断的心理暗示和潜意识作用，在自我认识过程中给自己贴上类似"成功"或"失败"的标签。

　　心理学家普遍认为，这些"标签"会直接影响一个人的成败。心里一旦给自己贴上某种"标签"，就会按照"标签"所标定的意象去塑造自己，使自己某方面的情绪和行为不断得到强化。久而久之，我们就真的成了意象中的人。

　　在座的各位同学们，我们经常给自己贴有什么样的标签呢？请进入本次课程的体验活动"贴标签"。

　　(2) 指导教师发布口令：

　　请全体同学想一想在自己身上贴得最牢的自我标签是什么？把那个最牢的自我标签写下并描述你是一个什么样的人。写完之后，由助教将学生的卡片收集上来。

　　①我的自我标签（案例）：

　　我是一个自卑的人；

　　我是一个多愁善感的人；

　　我是一个胆小的人；

　　我是一个勤奋的人；

　　我是一个乐于助人的人。

　　②标签分类：

　　随机选取几个学生的自我标签与全班同学分享（不公布学生姓名），并对标签进行如下分类：

　　积极的自我标签："我是一个勤奋的人""我是一个乐于助人的人"……

　　消极的自我标签："我是一个自卑的人""我是一个胆小的人"……

　　(3) 指导教师课程导语（参考）：

　　我们经常会听到有人说这样的话："我胆子太小""这个我不行""我太粗心"……

这些自我否定的、贬义的评价，就像"标签"一样贴在自己身上，如果使用不当或过度使用，就会给我们的身心发展带来阻碍。

故事一：

有一个中学生小A很爱画画，但有一天老师说他画得不好，没有画画的天赋，于是，他对自己没有了信心，放弃了画画。别人问他为什么，他说："我画得不好。"后来，再有人问他，他干脆就说："我向来就画不好。"

故事二：

第二次世界大战期间，美国心理学家在招募的一批行为不良、纪律散漫、不听指挥的新士兵中做了如下试验：让他们每人每月向家人写一封说自己在前线如何遵守纪律、听从指挥、奋勇杀敌、立功受奖等内容的信。结果，半年后这些士兵发生了很大的变化，他们真的像信上所说的那样去努力了。

上述两个故事所呈现的这种现象在心理学上被称为"标签效应"。

从上述的第一个故事中，我们可以得出消极标签对人有着负面的影响，使人不能恰当地评价自己；使人失去自信，产生自卑感；使人不敢再次尝试。

在现实的生活中，其实我们并没有那么差。在许多情况下，我们之所以不自信，很可能就是消极标签在作怪。撕掉这些消极标签是我们战胜自卑、增强自信的有效手段。而撕掉这些消极标签的最好办法就是为自己贴上积极的标签。

如何才能为自己贴上积极的自我标签呢？上述的第二个故事就是一个很好的例证。

（1）尽可能不用贬义的自我描述，代之以鼓励性话语，如"我过去曾经认为自己不行……"代之以"看来也不一定都是这样，让我来试一试……"。

（2）多使用积极的自我描述，如"我街舞跳得很好""我最近学习比较轻松，成绩也提高了不少"等。

（3）指导教师发布口令：

以小组为单位围成一个圆圈，在组长的主持下，小组内成员相互为组员贴上积极的标签，同时自己也给自己贴上积极的标签，选出自己最想要的一个积极标签，并把它记在卡片上。每个组员平均用时两分钟。

20分钟时间到！

（4）指导教师课程导语（参考）：

同学们，在今后的生活中我们要给自己贴上积极的"自我标签"，当发现自己又要说否定自己的话时，就大声地告诫自己，不要说"我就是这样"，而是说"我曾经这样"；不要说"我不行"，而是说"只要我现在努力，是一定可以办到的"。

笔记区

笔记区

（5）观赏音乐视频《我真的很不错》，会唱的同学一起跟着唱。

友情提示

（1）对于个别找不到积极标签的同学，指导教师和助教要发动组内其他同学帮助他贴上更多的积极的自我标签。

（2）贴积极的标签时教师可以现场举例引导，如唱歌好的同学唱支歌，舞跳得好的同学上台展示一下优美的舞姿，以活跃现场的气氛并增强学生的自信。

（3）要求学生随身携带"积极的自我标签卡"。

背景音乐

（1）《我真的很不错》。

（2）《我就是我》。

（3）《明天会更好》。

（4）《一杯淡水》。

G4 感悟分享

（1）指导教师体验活动感悟分享提示语（参考）：

消极的"自我标签"害怕失败，回避尝试。因此，同学们应该勇敢地找一些自己以前不愿干的，不会干的，不敢干的事情，去花一些时间认真做一做，让自己品尝一下挑战生活、挑战自我所带来的充实和快乐。

①你过去的"自我标签"是什么？

②你现在的"自我标签"又是什么？

③贴上积极标签后感觉如何？

④本次体验活动你最大的收获是什么？

（2）指导老师要求学生以各小组为单位进行活动交流。

（3）由各小组推荐或自荐一名同学上台进行大组分享。

活动感悟（学生填写）

（1）

（2）

（3）

活动点评（老师填写）

（1）

（2）

（3）

心灵鸡汤

欣赏这些蒲公英

欧洲有一富商，家中有一大片引以为豪的绿油油、细茸茸的草坪，赏心悦目，只可惜有许多粗壮的蒲公英杂生其中。他用尽各种除草方法，还是无法斩草除根。

最后他只好写信给园艺所求助，他在信上列举所用过的各种方法，最后问道："现在我还有什么办法吗？"

园艺所回信道："我们建议您学着去欣赏这些蒲公英。"

点评

1. 这个世界不是缺少美，而是缺少发现美的眼睛。
2. 有些事情如果我们改变不了，那就接受并欣赏它。
3. 理智的人努力适应世界，不理智的人要世界适应自己。

思考

1. 你善于发现自己的优点吗？
2. 你善于发现身边人的优点吗？

（资料来源：http://www.xiexingcun.com/tougao/ShowArticle.asp? ArticleID = 19797）

知识窗

皮格马利翁效应

这是一则古希腊神话故事。

塞浦路斯的国王皮格马利翁是一位有名的雕塑家。他精心地用象牙雕塑了一位美丽可爱的少女。他深深爱上了这个"少女"，并给他取名叫盖拉蒂。他还给盖拉蒂穿上美丽的长袍，并且拥抱它、亲吻它，他真诚地期望自己的爱能被"少女"接受。但它依然是一尊雕像。

皮格马利翁感到很绝望，他不愿意再受这种单相思的煎熬，于是，他就带着丰盛的祭品来到阿佛洛狄忒的神殿向她求助，他祈求女神能赐给他一位如盖拉蒂一样优雅、美丽的妻子。他的真诚期望感动了阿佛洛狄忒女神，女神决定帮他。

皮格马利翁回到家后，径直走到雕像旁，凝视着它。这时，雕像发生了变化，它的脸颊慢慢地呈现出血色，它的眼睛开始释放光芒，它的嘴唇缓缓张开，露出了甜蜜的微笑。盖拉蒂款款地向皮格马利翁走来，她用充满爱意的眼光看着他，浑身散发出温柔的气息。

皮格马利翁的雕塑成了他的妻子，皮格马利翁称他的妻子为伽拉忒亚。

人们从皮格马利翁的故事中总结出了"皮格马利翁效应"：期望和欣赏能产生奇迹。但是对这一效应做出经典证明并使它广泛运用的是美国心理学家罗森塔尔和他的助手们，因此"皮格马利翁效应"又称"罗森塔尔效应"。

笔记区

笔记区

G5 感奋践行

一、知识讲堂

欣赏创造奇迹

人生不能没有欣赏。人生路上需要用真诚的心灵去欣赏，而不是用好奇的眼睛去打量。欣赏，就是用眼睛去注视，用耳朵去聆听，用心灵去体味这人世间的美好。

花开花落，月满月亏，是一首诗；潮起潮落，雁去雁来，也是一幅画。自然界中处处是风景。当我们驻足一花一草时，我们就会领略到大自然的至善至美，也会忘却尘世间的烦扰。

欣赏别人是一种尊重，被人欣赏是一种认可，无人欣赏则是一种不幸。生活中，我们渴望被人欣赏，往往忽略了欣赏别人。更多时候，我们善于发现别人的缺点，乐于放大自己的优点，甚至喜欢在别人的不幸中寻找到自己的幸福。然而，欣赏是相互的，要想被人欣赏，就得先去欣赏别人；只有欣赏别人，才能会被人欣赏。

欣赏别人，就是善于寻找并发现别人身上的优点：欣赏别人的谈吐，会提高我们的口才；欣赏别人的大度，会开阔我们的心胸；欣赏别人的善举，会净化我们的心灵。欣赏其实是多一点信任，少一点挑剔；多一点热情，少一点冷漠；多一点仰视，少一点鄙视。

欣赏是一种互补，是一种促进，也是一种和谐。欣赏多一点，矛盾和误解定会少一点，人与人的距离才会更近一点。

人不可能生而完美，但可以追求完美，学会欣赏，懂得欣赏，就会充实我们的人生！

心灵鸡汤

"欣赏"出来的天才画家——毕加索

毕加索幼时发育不良，快到两岁时还不会走路，整天坐在婴儿车或床上，语言表达能力也非常差。母亲为了哄他开心，常丢给他一些书刊让他玩耍，可他一接过来就将他们揉皱、撕碎。母亲为了改变他这一恶习，当着他的面将书刊重新粘好、装订，并端端正正地放在桌子上。渐渐地，毕加索知道爱惜书刊了，即使不看不玩也要摆好叠好放在一边。母亲发现这一点后，又开始了一个新的计划，她常坐在儿子面前拿起书刊，"津津有味"地观赏上面的文字和图画，有时还掏出笔来在书刊的空白处写写画画。果然，毕加索学着母亲的样子看起书来，高兴时还从母亲手中拿过笔来涂鸦一番。

母亲见儿子越来越乖，非常高兴，常拿着儿子的"杰作"，伸出拇指予以赞美，有时，还挑出一些贴在墙壁上，一有空，就站在那里"欣赏"。毕加索受到了鼓舞，"创作"热情越来越高，常常拿着笔没完没了地临摹、绘画……待他上小学时，即已成为闻名遐迩的小神童、小画家，直至后来成为享誉世界的天才画家。

（资料来源：http://www.lzbs.com.cn/wb/2005-11/15/content_558188.htm）

第一节　欣赏的定义及特性

欣赏的定义，即享受美好的事物，领略其中的趣味；认为好，喜欢，表示称赞。

欣赏包括认可、接受、称赞和鼓励，是真正发自内心的健康之爱，是发掘潜能、创造奇迹的好方法。

欣赏的特性有以下几个方面：

1. 及时性

尽量在对方做的过程中给予欣赏，让对方在期待被欣赏时给予欣赏，可使效果事半功倍。

2. 准确性

欣赏时要用词准确，不要夸大事实，更不要滥用赞美之词。

3. 适时性

准备给予肯定的欣赏之前，先确定对方的职业特性、个性特征、当下的情绪状态，再给予合适的用词、语气、姿态，否则就有可能把欣赏扔到炸弹上，适得其反。

4. 持续性

对他人的欣赏一定要有持续性。偶尔一次的欣赏，有可能使对方因期待过久而积怨成根。

5. 客观性

欣赏不等于不能批评，批评中肯也是一种欣赏，但一定要一语中的。

欣赏就像清晨洒在玫瑰上的露珠和阳光，赞美和鼓励的话说起来毫不费力，却能够成其大事。对别人说一句欣赏的话也许只需要几秒钟，却能够产生巨大的功效，甚至能够让一个人受益终生，那个人也许正是你自己。

第二节　欣赏的作用

欣赏是激励和引导，是理解和沟通，是信任和支持，它能让平凡的生活蜕变为美丽和谐的艺术，有了欣赏，一切美好愿望都具备了实现的可能性。欣赏的魔力是神奇的，它不仅会为我们的事业、家庭锦上添花，还有可能在我们失意时翻转人生。

19世纪前半期美国最伟大的小说家霍桑就是一个很好的案例。

霍桑未成名前是一个海关的小职员，有一天他垂头丧气地回家对太太说他被人炒鱿鱼了。他太太苏菲亚听了不但没有丝毫不满的表情，反而兴奋地叫了起来："这样你就可以专心写书了。"

笔记区

笔记区

"是呀，"霍桑一脸苦笑地答道："我光写书不干活，我们靠什么吃饭呀？"

这时苏菲亚打开抽屉，拿出一沓为数不少的钞票。

"这钱从哪里来的？"霍桑张大嘴，吃惊地问。

"我一直相信你有写作的才华，"苏菲亚解释道："我相信有一天你会写出一部名著，所以每个星期我都把家庭费用省一点下来，现在这些钱够我们活一年了。"

有了太太在精神与经济上的支持，霍桑果真完成了美国文学史上的巨著《红字》，一部在世界文学史上不可多得的经典名著。

（一）欣赏是幸福的源泉

善于理智欣赏他人的人，也会得到他人的欣赏和帮助，只有相互欣赏才可以创造一个宽松和谐、洋溢着浓浓人情味的温馨世界。"适时的欣赏是免费的，但它却价值连城。"沃尔玛连锁超市创始人山姆·沃尔顿如是说。

任何爱情、任何婚姻，都是男女双方相互作用的结果。研究表明，如果夫妻双方都能够经常地欣赏对方，他们之间的亲密度和婚姻幸福度就会大幅度提升。幸福从来不可量化：无数彼此欣赏的爱侣，对粗茶淡饭甘之如饴；无数反目成仇的夫妻，将锦衣玉食弃如敝屣。

欣赏是我们自信的来源，价值感的写照。我们得到别人欣赏时，就等于有人直接告诉我们自己的价值所在。人类最根本的需求就是期望得到别人的认可和接纳。欣赏，是别人给予我们最强有力的支持。而当我们欣赏他人时，第一个受益者也是我们自己，因为欣赏是一种流动的温暖感，当我们使用它的时候，自己的身心会先明亮起来。

（二）欣赏是一种善良

1852年秋天，屠格涅夫在打猎时无意间捡到一本皱巴巴的《现代人》杂志。他随手翻了几页，竟被一篇题为《童年》的小说所吸引。作者是一个初出茅庐的无名小辈，但屠格涅夫却十分欣赏，钟爱有加。

屠格涅夫四处打听作者的住处，最后得知作者是姑母一手抚养照顾长大的青年人。屠格涅夫几经周折，找到了作者的姑母，表达他对作者的欣赏与肯定。姑母很快就写信告诉自己的侄儿："你的第一篇小说在瓦列里扬引起了很大的轰动，大名鼎鼎的《猎人笔记》的作家屠格涅夫逢人就称赞你。他说：'这位青年人如果能继续写下去，他的前途一定不可限量！'"

作者收到姑母的信后惊喜若狂，他本是因为生活苦闷而信笔涂鸦打发心中寂寥的，由于著名作家屠格涅夫的欣赏，竟一下子点燃了心中的创作火焰，找回了自信和人生的价值，于是一发而不可收地写了下去，最终成了19世纪末20世纪初俄国最伟大的文学家，也是世界文学史上最杰出的作家之一，他就是列夫·托尔斯泰。

社会生活中，每一个人都渴望得到别人的欣赏，同样，每一个人也应该学会欣赏别人。欣赏与被欣赏是一种互动的力量之源，欣赏者必具有愉悦之心、仁爱之怀、成人之美之善念，被欣赏者必自然产生自尊之心、奋进之力、向上之志。因此，学会欣赏应该是一种做人的美德。

台湾作家林清玄曾去一家羊肉馆用餐，老板对他说："你还记得我吗？"林清玄说："记不起来了。"老板拿来一张20年前的旧报纸，那里有林清玄的一篇文章，那时他在一家报社当记者。这是一篇关于小偷的报道，小偷手法高超，作案上千次，次次得手，最后栽在一个反扒高手的手上。文章感叹道："像心思如此细密，手法如此灵巧的小偷，做任何一件事情都会有成就的吧！"老板告诉他："我就是那个小偷，是你的这段话引导我走上了正路。"

连小偷身上也有可欣赏的地方，连小偷也能在欣赏的引导下走上正路，我们周围还有什么人不能欣赏、不能被引导呢？

培根说："欣赏者心中有朝霞、露珠和常年盛开的花朵，漠视者冰结心城，四海枯竭，丛山荒芜。"让我们在生活中多一些欣赏。

欣赏是一种给予，一种馨香，一种沟通与理解，一种信赖与祝福。

（三）欣赏可以促进身心健康

"皮格马利翁效应"告诉我们：欣赏、赞美和期待具有一种正能量，它能改变人的行为，当一个人获得另一个人的信任、赞美时，他便感觉获得了社会支持，从而增强了自我价值，变得自信、自尊，获得一种积极向上的动力，并尽力达到对方的期待，以避免对方失望，从而维持这种社会支持的连续性。

著名的教育家周弘，面对自己双耳全聋的女儿，通过对她的种种积极的暗示、欣赏，使她只用了四年的时间，学完了六年的小学课程，成为我国第一位聋人少年大学生，周弘老师开设的聋哑康复中心，对聋哑儿进行赏识教育的实验，使孩子们身心发生了巨大的变化，也从另一个侧面证明，欣赏有助于塑造自信健康的心理。

有研究表明，在大学生活中，教育工作者以适当的语言巧妙地夸大学生的优点长处或以赞赏的语言、表情及动作来欣赏赞美学生，不仅可以保护学生的人格尊严，而且还可以有效提高大学生的自尊心，唤醒他们学习的动力，促进大学生心理健康的发展。

医学专家研究证明，欣赏不但能使我们的心理层面得到满足，对生理方面也有非常积极的作用。无论是给予还是接受欣赏，都会触动人类大脑中控制快乐幸福的中枢神经，让神经末梢产生类似抗抑郁药才能带来的兴奋感觉，甚至即使我们明知对方的欣赏并非真诚，也会同样如此。

第三节 欣赏五要素

欣赏有五个要素：一是时间；二是人物；三是精准；四是态度；五是持续性。

欣赏的时间非常重要。时间太早，对方会觉得莫名其妙，因此会怀

笔记区

疑我们的诚意；时间太晚，对方则会感到被忽略。

《一分钟管理》的作者肯·布兰查德说过："抓住人们刚好做对事的那一瞬间及时给予赞美。当你经常这么做时，他们会觉得自己很称职，觉得自己的工作有价值，以后他们很可能会不断重复这些行为来赢得你的赞美。"

比如，某同学一直成绩很差，这次偶然有了一点进步，作为老师，我们就应该立即予以欣赏，以激发他的学习积极性，说："你的能力终于显现出来了，我真的很高兴，希望你继续努力！"他就会再接再厉，慢慢地，原本偶然的成绩就成了必然。

不过，如果对方正处在紧张焦虑、痛苦忧伤等负面情绪当中时，我们就不要欣赏，否则很可能会让对方觉得我们不懂体察和同情，甚至嘲讽他的不幸，造成不必要的误会。

人物是欣赏的第二个要素。欣赏某一个人时，一定要首先了解他的社会地位、职业特点、教育背景，针对他的特性做出合理的肯定，才是有价值的欣赏。

例如，某经理最近在某一流杂志上发表了一篇文章，反响强烈，小吴想表示欣赏，便说："您真不应该做管理，您应该去当作家，您的文章写得真好。"经理听了这话，哭笑不得，反问道："你是说我不是个称职的管理者？"

小吴这才觉察自己用词欠妥，赶紧说："不是不是，我是说您的文章写得真好，比一般的专栏作家写得都要好，只在企业做管理实在太屈才了。"

小吴这是犯了本末倒置的错误：经理的本职工作是经营管理，写作只是他的业余爱好。如果下属想向上司表达欣赏，一定要根据其职业特性，首先肯定他的经营管理能力，其次才是写文章的才华。如果把副业提升到比本职工作更高的位置上去欣赏，就变成了明褒暗贬，反而会影响人际关系。

其次，欣赏他人时，还要了解对方的性格，做到有的放矢。

小王和大李性情截然不同。小王不苟言笑，大李则言语幽默。如果我们用亲切或是玩笑的语气欣赏小王，他一定会认为这是嘲笑或戏弄。所以，我们和小王沟通时，就必须使用非常正式的语气和措辞。然而，如果我们用电视新闻般字斟句酌的语言去欣赏大李，结果就会适得其反，大李会认为我们话中有话，一定隐藏着什么阴谋，结果好意的欣赏被全盘否定。

举个例子，比如小王和大李都衣着得体，我们就要严肃地对小王说："你今天的着装搭配非常到位，而且突出了个性化特点，很好！"但我们欣赏大李时，则要用诙谐轻松的语调说："哟，你今天要去走秀啊？这么时尚，真不愧是咱们这儿的时尚先生，呵呵。"

欣赏的第三个要素是精准性。精确性是指欣赏需要有清晰准确的表达，这样才能做到传情达意。欣赏是否有效，不在于量而在于质。抓住关键点，针对对方的心理需求，把话说到点上，才能让我们的欣赏清晰准确地表达出来。

每个人都有自己的得意之处，希望自己最突出的优势能被他人认可、欣赏、羡慕，甚至是一点点嫉妒。如果我们能够在和对方开始谈话之前，或是开始谈话的前三分钟之内快速捕捉到这些特点，了解到让对方引以为傲的事情，然后在随后的谈话中貌似轻描淡写地谈到这些事件，表达我们的欣赏，对方就会非常乐意和我们继续交流。这就是很多谈话从最初的"五分钟"延长到五小时的重要原因。

那么，如何捕捉到对方突出的优势呢？这就需要我们充分发挥想象力，广开渠道，或者平时多留意观察对方的兴趣爱好，甚至把你的观察结果记录下来，时常温习，每一次的温习不仅让我们能记忆牢固，同时也能够增加我们的欣赏度，让我们的欣赏油然而生，呈现出强大的力量。

欣赏的第四个要素是欣赏者的态度。中国有句俗话叫"伸手不打笑脸人"，几乎没有人会对着一个欣赏自己、认可自己的人痛斥，即使自己并不看重对方，即使是表面上要维持威严，甚至要做做样子批评对方不应该净说恭维的话，其实心里早已经乐开了花。

但此时我们也要万分注意，不要让欣赏变成一种献媚，让被欣赏者对我们产生轻视心理，或者因为我们的欣赏说得太轻易、太多而产生骄傲情绪。我们欣赏他人时，一定要有具体的事例，表达时语气可以轻松，但态度一定要真诚，否则就会变成嘲讽。同时，当我们举例说明欣赏时还要言简意赅。话说得太多，被欣赏者就会忽略重点，不得要领，结果反而成了一次非常糟糕的沟通。

欣赏的第五个要素是持续性。当我们在一段时间里以欣赏的心态去看待同事、友人和家人时，是比较容易的。我们或多或少总会产生一些好奇心，促使我们去体验尝试。但一段时间之后，新鲜感开始退却，我们就会在不知不觉间，重新回到原来熟悉的抱怨状态中去，所有的努力全部白费！

这也是为什么很多人开始尝试欣赏，却最终功败垂成的根本原因：缺乏持续性。

那么，怎样才能坚持呢？

我们可以把欣赏分为三个阶段：

第一个阶段偶尔说一句欣赏的话；

第二个阶段经常使用欣赏的语言；

第三个阶段让欣赏成为一种习惯。

只要持之以恒，保证自己无论遇到怎样的情况都能够坚持下去，就会相当有效。

笔记区

笔记区

第四节　人生需要学会欣赏

茫茫人海，滚滚红尘，回眸四望，欣赏是一道绝美的风景，一隅人人渴望、四季相宜、风味独特的景观。学会欣赏，你便懂得了享受；学会欣赏，你便拥有快乐；学会欣赏，你便拥有幸福；学会欣赏，你便成为一个大写的人。

欣赏是一种享受，是一种实实在在的享受。无论何时何地，你学会了欣赏，便可以收获快乐，收获温馨。懂得欣赏，你的心情便永远阳光灿烂。

欣赏是一种情怀，是一种博大高雅的情怀。没有爱心的人，缺少情趣的人，不知道欣赏。欣赏需要懂得感恩。

欣赏是一种幸福，是一种少数人才能享受的幸福。芸芸众生，自以为是者多，懂得欣赏别人者少；自私自利者多，专门利人者少。欣赏滋生幸福，幸福需要懂得欣赏。

欣赏是一种学习，是一种真心实意的学习。生活里，每个人都有自己的优点，每个人都有自己的弱点。学会欣赏，就要时刻看到别人的优点，让别人的优点自觉地成为自己的优点。久而久之，你便自然成为一个优秀的人；优秀的人，自然也懂得欣赏。

欣赏是一种态度，是一种发自内心羡慕的态度。当你读到一首诗或看到一幅画，一首清新流利的小诗，一幅别有格调、神韵悠然的国画，你不能不激动，不能不羡慕。此时，羡慕无须理由。

欣赏是一种风格，是一种独特自在的感悟风格。纷繁世界，无奇不有，有山有水，有花有草，有风有雨，时时刻刻，变幻无穷。懂得欣赏，便懂得感悟；感悟愈深，生活得愈滋润、愈轻松；轻松滋润的生活便是至高无上的生活，既然知道生活的秘诀，就一定要学会欣赏；利人利己的欣赏，应当义不容辞、义无反顾。

欣赏是一种精神，是一种情高趣雅的精神。蚂蚁有蚂蚁的生活，大象有大象的情调，仙鹤有仙鹤的风姿。懂得欣赏，你便懂得生活的真谛；懂得欣赏，你便拥有别人所没有的情调；懂得欣赏，你也便拥有迷人的风姿。

欣赏是一种力量，是一种与时俱进、自强不息、自我奋斗的力量。人生在世，区区百年，匆匆一日，匆匆一生，若不见贤思齐，脚踏实地，真抓实干，争分夺秒，多做一些有利于人类文明发展的大事、好事，年老时你就会后悔不迭，悔之晚矣。学会欣赏，你便懂得珍惜，你便拥有更多、奉献更多。

欣赏是阳光，是雨露，是冬天里的一把烈火；欣赏是玉液，是琼浆，是夏日里的一片浓荫。学会欣赏，人间处处温暖。学会欣赏，你会成为一个出彩的中国人。

心理故事

好孩子都是夸出来的

欣赏对于孩子来说，如同阳光对于小草一样重要，我们几句不经意的欣赏话语，就有可能让孩子在未来创造无穷的奇迹。

在 19 世纪末美国密苏里的一个小镇上，有个劣迹斑斑的坏孩子，镇上的其他孩子，都被禁止和他来往。坏孩子 9 岁时父亲再婚，他对继母自然充满敌意。婚后，父亲指着坏孩子对新夫人说："你千万要提防他，他是全镇最坏的孩子。"

然而，继母却微笑着摸摸坏孩子的头，责怪自己的丈夫："你怎么能这么说呢？他应该是全镇最聪明最快乐的孩子才对。"

继母的话深深地打动了坏孩子，因为即使是他的生母，也没有这样欣赏过他。他开始在继母的关爱下努力学习。很多年后，他创造了成功的 28 项黄金法则，帮助千千万万的普通人走上成功之路。他，就是美国当代著名的企业家、欣赏教育大师戴尔·卡耐基。

（资料来源：陈向一. 欣赏的神奇力量 [M]. 西安：陕西师范大学出版社，2009）

二、扩展阅读

学会欣赏自己

若溪

一

心理学家研究发现，人类天性中最根深蒂固的本性是被人欣赏。"人性里最深的原理，"威廉·詹姆士说，"是受欣赏的渴望。"

一个人首先应该学会欣赏自己。卡耐基说过一段耐人寻味的话："发现你自己，你就是你。记住，地球上没有和你一样的人……在这个世界上，你是一种独特的存在。你只能以自己的方式歌唱，只能以自己的方式绘画。你是你的经验、你的环境、你的遗传造就的你。不论好坏，你只能耕耘自己的小园地；不论好坏，你只能在生命的乐章中奏出自己的发音符。"

的确，我们每个人都是独一无二的。这个独特的"我"，既有优点，也有不足。一个人只有充分地自我接纳，懂得欣赏自己，才能有良好的自我感觉，才能自信地与人交往，出色地发挥自己的才能和潜力。假如一个人不懂得欣赏自己、接纳自己，老是以怀疑的、否定的态度看待自己，就有可能限制甚至扼杀自己的生命力。事实上，我们的身边因为自卑自怜、自暴自弃等各种心理原因而造成的自寻短见的事例已经太多了，并且还在不断地出现，给家人造成痛苦，给社会造成损失。当然，更难以去谈怎样赢得别人的欣赏和肯定了。

欣赏自己并不是傲视一切的孤芳自赏，也不是唯我独尊的狂妄不羁。因为它不需要大动干戈的勇气，也不需要改头换面的毅力，它属于一种醒悟，一种境地，一种面对困难能给予自己信心的源泉，一种推动自己向挫折挑战的动力。

人生自古多磨难。但是，只要你学会欣赏自己，你就会觉得幸福其实是那么平常，它只是小花落在水面上荡起的微微涟漪；而吃苦也并非

笔记区

那么可怕，它只是波涛拍打礁石而泛起的点点水花。

当然，这种欣赏是一种务实，一种一步一个脚印的跋涉。

朋友，如果你被繁重的学业或巨大的压力所左右的时候，那么就歇一会儿，不要只顾在匆匆行程中奔波，不要再把烦恼和自怨塞进行囊。在夜里面对星辰的时候，泡上一壶清茶，试着欣赏一下自己，那么，你会很惊奇地发现：其实，你很出色。

二

生活中有很多种快乐，但有一种快乐能够让人终生难忘，那就是得到真诚的鼓励和真正的欣赏。鼓励和欣赏（哪怕是暗示）可以帮助一个人战胜自我，获得自信，从而更加勇敢地面对生活。

怎样让自己快乐起来呢？如果身边有欣赏你的人，你一定会常常感到快乐。但是，现实的复杂性往往给生活涂抹上层层神秘的色彩，很多事情多多少少存在一些不可预知性。我们只能说那是一种"缘分"，你需要在茫茫人海中去寻找那份属于自己的快乐。

佛说：求人不如求己。因此，最简单的让自己快乐起来的方法就是学会自我欣赏，适当地自我鼓励，从点点滴滴的自我完善中获得快乐。

欣赏自己的人是自信的人，欣赏自己的人总把自己当成自己最大的敌人。欣赏自己的人是没有偶像的，因为人们对于偶像的感情只能是崇拜和羡慕，可是如果一个人太崇拜和羡慕一个人，这样也便失去了自我，很难挣脱。就像萤火虫从来就不崇拜和羡慕太阳一样。它只是欣赏自己和欣赏太阳，所以才能到了晚上照"灯笼"，放出不一样的光来。欣赏自己的人总是带着同样欣赏的目光去欣赏别人——只是欣赏，而不是崇拜或者羡慕。于是，很容易使别人的优点变成自己的优点。欣赏自己的人也便是更会学习的人了。

推此及彼，我们周围的人（无论是孩子还是长者，也无论是同学还是领导）一样需要得到鼓励和欣赏，所以，不妨把你的掌声送给他们，用你的方式去欣赏他们，当然，结果是分享他们的快乐。其实，让自己和他人快乐起来的道理很简单，那就是学会相互欣赏。欣赏激活创造力，创造带给人快乐，快乐增强信心，信心提高生活质量。

一切源于欣赏和被欣赏。

我们必须学会自我欣赏、自我品评，学会在无人喝彩的时候能照样前行，而且行得更好，更要学会欣赏他人，将你的快乐带给他们。如果我们都能用一种欣赏的眼光去善待自己和身边的每一个朋友，世界一定会更加美好。

三

当我们欣赏自己的时候，会更多地得到别人的欣赏。不要先成为别人喜欢的样子，要先成为你自己喜欢的样子。你会喜欢一个不由自主、毫无选择能力、只能"自动"爱你的人，还是一个明白自己有很多选择，却"选择"爱你的人呢？哪一种选择更令你动容呢？你的选择也就是每一个人的选择。

学会欣赏自己，首先要学会爱自己，但是你必须先了解自己，了解自己之后才知道如何爱自己，明白自己想要表达什么。

学会欣赏自己，其次要培养自己优雅的举止。优雅不是"矫揉造作"，优雅是"以最少的能量创造最大的效益"。仔细注意镜头中的自己，看看自己的举止是否得体，微笑是否宜人，大胆地对自己品头论足一番，你如何观察别人，就如何观察自己。你要使自己看起来优雅脱俗，气度不凡，才会成为别人眼中的一抹亮色。

学会欣赏自己，还要多做些你有信心可以完成的事，因为使自己完美的另一个要素就是"自信"。培养自信，你将会更加清楚地认识自己的价值，一个有价值又有自信的人怎么会没有魅力呢？但是，要明晰自信和自负之间的区别，自信是相信"我们都可以做到"，自负却是"只有我能做到"。

学会欣赏自己，最后还要让自己成为天真的人。了解自己本质的人都是天真的，因为他们明了"真、善、美"是一体的，他们决定活在"真"中，同时，他们也活在"美"中。

四

能够做到欣赏自己其实挺难的。自己身上到底有什么值得欣赏的东西呢？其实，不是没有，而是有很多，只是自己没有发现罢了。欣赏自己也便是发现自己、更全面地了解自己，是自知能力的升华。如果能做到欣赏自己，那么，这个人便可以乐观、自信地面对生活，这个人浑身上下也便洋溢着活力。和他在一起的人们也会变得有活力。

"我欣赏我的生活。"

"我欣赏我自己。"

"我欣赏我的财富。"

"我欣赏我的健康。"

"我欣赏我的幸福。"

"我欣赏我的富有。"

"我欣赏我的爱心。"

"我欣赏我对人的关切。"

"我欣赏我与人的分享。"

"我欣赏我的学习。"

"我欣赏我知道自己要什么。"

"我欣赏我的机会。"

"我欣赏我懂得享受乐趣。"

"我欣赏我的平衡。"

学会欣赏自己，我们才会在不断的进步中超越自我，才能在不懈的跋涉中完善人生。人世间可欣赏的太多了，但你永远都不能忘记欣赏自己。

（资料来源：http://ard32no1.blog.163.com/blog/static/2109773222013017112051454/）

笔记区

笔记区

三、观赏影片

叫我第一名

《叫我第一名》是由彼得·沃纳执导，Thomas Rickman 等编剧，吉米·沃尔克、特里特·威廉斯、多米尼克·斯科特、凯伊、莎拉·德鲁等主演的励志传记轻喜剧。影片于 2008 年 12 月 7 日在美国上映。该片改编自布莱德·科恩与丽莎·维索基合著的同名书籍。叙述了患有妥瑞氏症的布莱德克服病症并且努力实现成为老师的梦想的故事。

剧情简介

布莱德患有先天性的妥瑞氏症，这是一种严重的痉挛疾病，导致他无法控制地扭动脖子和发出奇怪的声音。而这种怪异的行为，更是让他从小不被周围的人理解，在学校里老师经常批评他，同学们更是对他冷嘲热讽，就连他的父亲也对他失望透顶。小学时，因为没办法克制地发出怪声，而被学校认为是不受管教的坏小孩，不仅老师们不谅解他，同学之间更是会取笑他这种行为。

到了初中，一次全校大会上，校长巧妙地让大家了解了布莱德的真实情况，并且也让布莱德说了一些自己的想法，让大家了解他并不是故意作怪，之后，他对自己就比较有信心了。

这次机会也让他有了成为一名教师的坚定梦想，即使这个病症可能会让布莱德在寻求教师梦想的道路上遭到众人怀疑，频遭挫折。

大学毕业后，他秉持着每个学生都值得被教导而很想当老师的想法，去各个学校面试寻求教职，但是，校方人员总因为他的症状而对他抱持着怀疑的态度，甚至还要求他上课中不能发出声音才会聘请他，这种种原因让他感到挫折，但幸好有母亲一直支持他鼓励他，让他勇敢地面对生活、克服困难，在这一过程中他也收获了爱情。

为了找到一个愿意接受自己的学校，布莱德不抛弃梦想，不放弃信念，默默地努力着。最后，经过了大约 25 所学校的面试后，有一所学校肯招聘他，他终于成了一位二年级导师。

四 练习与思考

1. 为什么说人生要学会欣赏？
2. 欣赏的要素有哪些？
3. 欣赏对大学生身心健康有哪些作用？

第八章

学海无涯　乐学为舟

G1 感性导言

导　言

（背景音乐）

作为大一新生的你们，对大学的一切都充满着好奇，在大学生活的一千多个日日夜夜里，你们一定会体味到欢笑和沮丧，体味到荣耀和挫败，你们会在这里不断成长，会在这里变得坚强，因为此刻你们已经是父母师长眼中的"大学生"。这代表着成熟，代表着时间流逝，代表着一种责任的担当。所以，我们要学会珍惜，珍惜大学生活的每一天，珍惜大学生活中的点点滴滴。

学习目标

学生通过本章的学习，尽快适应大学生活，自觉培养优良学风；认清当代大学生的历史使命，珍惜来之不易的学习机会，并能将其内化为自觉的意识、自身的习惯、自主的要求，由此奠定积极、向上、利他的人生观和道德基础。

名人名言

中国留学生学习成绩往往比一起学习的美国学生好得多，然而十年以后，科研成果却比人家少得多，原因就在于美国学生思维活跃，动手能力和创造精神强。

——杨振宁

对世界上的一切学问与知识的掌握也并非难事，只要持之以恒地学习，努力掌握规律，达到熟悉的境地，就能融会贯通，运用自如了。

——高士其

G2 感人案例

江苏"网红校长"宁晓明又一次金句频出：
想和"00后"近一点

"确认过眼神，遇上对的人。刚刚我和你们确认过眼神，从此你们就是淮工人。同学们，欢迎你们！"

"我们必须要知道，给父母打电话不能只是要钱的、失恋的时候是不能死缠烂打的、信用贷款是不能不还的、高铁上是不能霸座的。"

"我要提醒你们的是：别让游戏勾了魂，别让抖音乱了神，别让外卖伤了胃，别让网贷催了泪。"江苏"网红校长"宁晓明又一次用通俗生

笔记区

动的语言，在开学典礼上博得满堂彩。

9月10日上午，淮海工学院举行2018级新生开学典礼，校长宁晓明发表"拥抱伟大时代 抒写无悔青春"主题演讲。开学典礼现场如图8-1所示。

图8-1　开学典礼现场

从宁晓明处获得的演讲文稿显示，全文长达5 000字，用整整一百个"大"字贯穿。据其介绍，从8月开始，他为了这份演讲稿准备了一个月。

如上文所示，这次演讲的最大风格是风趣、幽默、接地气，用通俗生动的方式表达了宁校长对大学生活各方面的看法，以及对学生的谆谆告诫。

这次演讲，延续了他一贯的"宁式风格"。去年此时，刚刚履新淮海工学院校长的宁晓明，同样精心准备了一份生动的演讲稿，那次，他是用了一百个"新"字贯穿全文。

"今年是'00后'全面进入大学的第一年，要学会懂他们，接近他们。"

细节处见温暖：照例给寿星过生日

演讲一开始，宁晓明号召全体同学向曾经培养过自己的幼儿园老师、小学老师、中学老师、大学老师，真诚地道一声"节日快乐"。

随后，他向新生们抛出了三个问题，用互动的形式迅速活跃气氛。

第三个问题是，他让高考以前谈过恋爱的同学举手。"好像举手的不多，不知道你们信不信，反正我不太相信"，宁晓明的回应让现场一阵哄笑。

通过新生大数据，校方统计出9月10日当天，是14名新生的生日。宁晓明也代表校方向王抗洪等14名"寿星"送上了生日蛋糕，并带领全场同唱生日歌。

去年新生开学典礼上，宁晓明就曾向当天过生日的同学送上祝福。"我相信这个生日对他们来说会非常难忘，我们也是通过这种方式，让所有的同学们感受到学校大家庭的温暖。"宁晓明告诉记者。

送"大礼包"的环节还没结束。随后，他谈到了学校大部分学生宿舍还没有安装空调的问题，并直言这是其"心头之痛"。

"在这里，我向你们承诺，明年高温到来之前，学生宿舍空调全部安装到位！"宁晓明的表态再次赢得了全场掌声。

宁晓明说，这个"大礼包"送得还是有些忐忑的。校方此前曾经开会研究过，初步决定最迟要在两年内将宿舍空调安装到位。

如今，他带头"自我加压"，将这个时限缩短至一年。

"学校并不是没有买空调的钱，而是在装空调之外，还要解决电路改造等一系列问题，而这一系列问题的成本是空调本身费用的5倍。"宁晓明向记者道出了这背后的难处。

但是面对众多家长的建议，宁晓明还是决定不给自己退路。"实话给你讲，就在开学典礼前一晚，我还在犹豫到底要不要做出这个承诺。"他说。

总结了四句话，点出大学生活痛点

2017年的开学典礼上，宁晓明用一百个"新"字贯穿全文，而这一次，变成了一百个"大"字。

"大，代表大时代，大学以及大学生活"，宁晓明说，他在写演讲稿时，也是按照这个顺序和逻辑，层层推进。

首先，他提出，这是一个全新技术革命的伟大时代，是一个中国迈向强国的伟大时代，也是一个教育深度变革的伟大时代。

其次，他认为大学是培养大人、传承大气、孕育大爱之地。这其中，"大爱"，究其根本就是来自个人内心的价值力量和道德力量。

"我们必须要知道，给父母打电话不能只是要钱的、失恋的时候是不能死缠烂打的、信用贷款是不能不还的、高铁上是不能霸座的。"宁晓明演讲中不断巧用时事案例。

而关于大学生活，宁晓明说，总是有很多莫名其妙的段子。比如说"只要胆子大，一周七天假""死猪不怕开水烫，越到考试我越浪""间歇性踌躇满志，持续性混吃等死"。

"同学们，我今天要郑重地告诉你们，上了大学就轻松，这只是一个童话，而童话里都是骗人的。"宁晓明在演讲中说。

演讲中，他郑重提醒广大新生：别让游戏勾了魂，别让抖音乱了神，别让外卖伤了胃，别让网贷催了泪。

据其介绍，提炼这句话用了一个星期，这也是在他看来，大学生活面临的几大通病。"不是说不能刷抖音，而是有的同学一刷就停不下来，沉溺于此，这不好。"履新淮海工学院校长之前，宁晓明曾做过十多年的学生工作，深谙和学生相处之道。

最后，他给新生们送上了三个"锦囊"，分别是适应大环境、涵养大情怀、锤炼大本领。

笔记区

笔记区

在他看来，情怀虽然不一定能让人锦衣玉食，但可以让人活得更有价值。

同时，在通往成功的道路上，没有捷径可以走。"唯有脚踏实地地艰苦奋斗，才是最聪明的办法，才能获得最真实的幸福。"宁晓明在开学典礼上说。

 点评

1. 大，代表大时代、大学以及大学生活。新，代表新时代、新学期、新生活。
2. 我们要让青春在大学校园里出彩和绽放。

 思考

1. 在这个大时代、新时代，我们大学生有着哪些历史使命？
2. 在大学生活中如何实现自己的梦想？

（资料来源：http://news.ifeng.com/a/20180911/60049303_0.shtml）

案例二

不要在该奋斗的年纪，选择安逸青春

一

多年前我曾在一家公司做总经理助理。一个夏天，公司人事部新招入两名大学生，一个叫李风，一个叫王磊。其中，李风毕业于名校，是个高才生。

两个人都分在公司的项目部，由总经理亲自带。起初总经理是有点偏向李风的，觉得他可重点培养，所以把很多新项目都尝试着交给他练手；去甲方商谈的时候也带着李风，想给他介绍些人脉；遇到项目专业性问题，也是手把手教导他。

但时间一长，总经理发现李风并不领情。顶着高才生光环的李风认为总经理教导他的方式都过于老套，打心里排斥。一段时间后，李风放弃了做项目的热情，开始热衷于探讨最新款的电子产品，聊娱乐八卦，组团去吃遍大城小巷美食，经常请假出去旅行，还迷上了打游戏，一打就是一晚上。

李风上班开始迟到早退，工作心不在焉，总经理看他家境贫困，读书不容易，多次找他谈心，劝他在该努力的年纪不要太挥霍青春。总经理还说：父母供你上大学，是为了让你在未来的人生路上有更多选择，是想你通过奋斗来获取过上更好生活的资本。可你还没开始奋斗就学会了安逸，这样下去，人生的路会成为堰塞湖，会堵住的。

但无论总经理说什么，李风还是一意孤行听不进去。最后不得已，公司解聘了他。

二

倒是那个领导不那么上心的王磊是一匹黑马。在总经理偏爱李风时不抱怨不嫉妒，踏踏实实安心做好自己的工作。

公司要求9点上班，王磊每天不到8点就到公司。白天利用上班时间虚心向前辈请教专业知识，晚上钻研跟工作相关的专业书籍，苦攻企业管理知识，还给自己报读了工商管理学课程。

前辈去跑客户，他跟着去学习；前辈去项目现场实地工作，他也忙前忙后，做好笔记，不怕苦累。同事们都觉得王磊不需要那么拼的，一个刚毕业的大学生忙得连谈恋爱的时间都没了，何况他家的经济条件尚可。

但王磊却说："我现在努力一点，将来就会更强大一点。像树，只有长到茂密葱郁的时候，才有更多机会去接触云朵、拥抱蓝天，也更容易被阳光温暖。我也想谈恋爱，但我更想变成更好的自己，只有我变得更好时，才能遇见更好的她。"

来单位不到一年，王磊被破格晋升为项目主管。现在，他已经是另一家更大公司的副总经理，也已娶妻生子，过得很幸福。很多时候，许多事听起来不可思议，但真实的结果就是，越努力的人越幸福。

三

曾经看到这样一段话：我们可以选择停留，但其他的人会选择奔跑，而世界在他人的奔跑中，无意间已改变了样貌。

我们总觉得来日方长，还有大把时间可以挥霍。有时看到别人的安逸生活，总会羡慕不已，想尽一切办法效仿和追随，却从不知他人在青春年少之时曾付出多少心血才换来如此优渥的生活。

那些懂得奋斗的人，到老还在奋斗，对他们而言只是换了一种生活的方式和努力的方向，也多了一份获得幸福的选择罢了。而不愿奋斗的人，始终多在抱怨和追问：凭什么？

或许只有经历过无数挫折、迷茫、后悔，才会醒悟，方知要追求。但很多时候，机遇和年华都会转瞬即逝。

 点评

1. 作为大学新生的我们，正是需要铆足劲拼搏的时候。
2. 在青春年华里为自己积存更多的能量，才有可能过得更好。

 思考

1. 你为什么要上大学？
2. 你的大学三年或四年该如何度过，是选择安逸还是奋斗？

（资料来源：人民日报微信公众号，夜读栏目，作者：端木婉清）

名人名言

我们要振作精神，下苦功学习。下苦功，三个字，一个叫下，一个叫苦，一个叫功，一定要振作精神，下苦功。

——毛泽东

笔记区

笔记区

G3 感动体验
体验活动名称：要金币

【活动目的】
（1）让学生通过体验活动在不断的挫折中增强学习的动力。
（2）让学生通过体验活动在不断的拒绝中磨炼自己的信念。
（3）让学生通过体验活动在失败中不断寻找成功的方法。

【活动准备】
（1）印有学校徽章、课程名称，具有纪念意义的精美纪念币，每组2枚（可在网上定做）。纪念币可参考图8-2。
（2）每组配备助教2名。
（3）助教领取小组成员名单1份，黑色水笔1支。

【活动过程】
（1）指导教师课程体验活动导语（参考）：

人生一定会有许许多多的挫折，这是命运对我们的考验，这个道理在场的每一个同学都能理解，也能接受。但是，当挫折和失败真正来到你我的面前时，我们将如何面对呢？

本次课程的体验活动"要金币"，也许就是一次对大家最好的检验。

（2）指导教师打开课件展示纪念币图片并介绍如下：

大家看到屏幕图片中的纪念币，是我们经过多次设计后特别定制的，上面印有我们学校的徽章、课程的名称，小巧精美，非常具有纪念意义。

在今天的课堂体验活动中，如果有哪位同学能够胜出的话，他们将会有一些小小的奖励，就是这些精美的纪念币。

指导教师问：大家想不想要？

学生：想！

本次体验活动的目标就是小组成员成功地从助教老师手中要到纪念币。

（3）活动规则：
①不得强行索取纪念币。
②不得拥挤，要有秩序地向助教说明给你"纪念币"的理由。
③每次要纪念币的理由不能一样。
④活动开始后不允许放弃，不允许退出。
⑤成功获得纪念币的同学，可先行到场边休息。

（4）指导教师发布口令，各小组散开由指定的助教老师带到活动地点（组与组间隔至少五米）。
①助教老师带领所带小组到教室划分好的区域，组织小组成员围绕助教老师呈半圆形站立。

图 8-2 纪念币示例

②一名助教老师将纪念币握在手中发布活动开始的指令后,小组成员自发上前告诉助教老师一个自己索要纪念币的理由。

学生：××××××（理由）

助教：好理由，请再给我一个理由！

（另一名助教悄悄地记录组员所要的理由和次数）

学生：××××××（理由）

助教：好理由，请再给我一个理由！

……

学生的理由千变万化，但助教的回答只有一个：好理由，请再给我一个理由！

一次次的失败，令许多同学非常沮丧……

有人已经开始动摇、开始放弃，逐渐退到了圈外……

个别同学绞尽脑汁想得到一个充足的理由，他们仍然在坚持……

就在快要绝望的时候，有人终于得到了"金币"，但他（她）和许多同学一样未必知道获得"金币"的真正理由。

20 分钟时间到！

（5）指导教师课程导语略。

友情提示

（1）助教不得将纪念币脱手交给他人（游戏规则）。

（2）助教的记录应准确全面。

（3）助教在整个过程中要一直给予积极的反应。

（4）分享时多关注成功者和最先放弃的同学。

背景音乐

（1）《回家》（萨克斯曲）。

（2）《美丽的华尔兹》（肖邦）。

（3）《成长》（林海）。

笔记区

笔记区

G4 感悟分享

(1) 指导教师体验活动分享提示语（参考）：

人们在追求梦想的路上，总有些人因为怀疑自己所在的道路是否正确，因此一直在观望着，当看到别人受挫和失败时就放弃了追求梦想的念头；有些人满怀着希望前行时，因为一次又一次的挫折、失败和众多观望者的不解眼光，而对自己的信念产生了动摇，慢慢地消耗掉了原有的激情。但也有些人像爱迪生一样把每一次的失败看作接近成功的希望，坚持前行并最终获得成功。

①在体验活动中你有过放弃的念头吗？若有，你是怎么对待的？

②在体验活动中你是如何获得成功的？

③通过本次体验活动你有哪些感悟？

(2) 指导老师要求学生以各小组为单位进行活动交流。

(3) 由各小组推荐或自荐一名同学上台进行大组分享。

活动感悟（学生填写）

(1)

(2)

(3)

活动点评（老师填写）

(1)

(2)

(3)

名人故事

被"索引"改变的人生

1935年，只有小学学历的金克木经人介绍，到北京大学图书馆工作，负责借书还书。一天，他忽然想到：我为什么不能也像那些教授、学生一样读一些书呢？

但如何在书海中寻到最有价值的书，令他一筹莫展。后来，他想到了一个办法——"索引"，就像他根据"索引"给借书人找书一样，反过来，他也可以从借书人那里搜索到有价值的书啊！

从此，借书人就成了他的"导师"。白天，他在借书台和书库间穿梭；晚上他就偷偷阅读那些被别人借过的书。他的"导师"五花八门，但以毕业生为主，这些学生要写论文，因此他们借的书都很有方向性。

给金克木留下深刻印象的，是一位从十几公里外步行赶来的教授。他夹着布包，手拿一张纸往借书台上一放，一言不发。金克木接过一看，全是些古书名。待这位教授走后，金克木赶紧把记下来的书名默写出来，以后有了空闲，便照书单到善本书库中一一查看。

日久天长，这个曾经的懵懂少年不仅靠自学精通了梵语、印地语、世界语等十多种语言文字，还在文学、历史、天文等领域卓有成就，成为一代奇才，与季羡林、张中行和邓广铭并称为"燕园四老"。

（资料来源：http://www.5068.com/lizhi/gushi/580819.html）

G5 感奋践行

一、知识讲堂

大学生常见的学习心理问题及调适

在大学校园里，大多数学生能经受住紧张的学习对大学生各方面素质的综合考验，顺利地完成学业。但是也必须看到确有相当数量的大学生存在时间或长或短、程度或轻或重的学习困难。导致学习困难的原因虽然多种多样，但是分析的结果表明，心理障碍是主要的原因。常见的心理障碍有：缺乏学习动力、学习动机过强、严重的学习疲劳、学习焦虑等。

第一节 缺乏学习动力的调适

（一）缺乏学习动力的主要表现

（1）逃避学习。不愿上课，上课无精打采，不能积极思维；课后不爱学习，常把主要精力放在打扑克、下象棋等与学习无关的活动上；无成就感、无抱负和期望，无求知上进的愿望。

（2）注意力分散。学习动力缺乏会使注意力涣散、兴趣转移，易受各种内外因素的干扰，因而上课时听课不专心，不能集中精神思考问题，课后不肯下功夫复习巩固所学的知识，作业不认真、满足于一知半解，对学习基本采取的是"对付"的策略，对学习以外的事反而兴致勃勃，如看录像、电影、经商等，不惜花时间，常常喧宾夺主、主次颠倒。

（3）厌倦、冷漠的情绪。学习动力缺乏常会导致冷漠厌倦情绪，说到或想到学习就头痛，硬着头皮上课，无心写作业，有的学生为了一纸文凭不得不一天天应付，有的学生索性中途辍学。

（4）缺乏适合的学习方法。学习动力缺乏的学生由于对学习总体上是一种消极的态度，所以也不可能努力地摸索一套适合自己的学习方法，因而难以适应紧张、繁忙的学习情境。总之，当一个学生缺乏动力时，相对广大学生紧张而有节奏的学习生活，他如同一个局外人，与学习群体不相融，如不及时矫治就不可能坚持学习，不可能完成学习任务。

（二）缺乏学习动力的原因

学习动机产生于学习的需要，是受社会环境、教育过程和个体身心发展水平的影响而发展起来的。随着大学生身体、心理与社会性发展，

笔记区

笔记区

大学生的学习动机呈现多元化的特点。而造成大学生学习动力缺乏的原因是多方面的，但是大体上可以归为以下两类：

1. 内部原因

（1）学习动机不明确。凡动力缺乏的学生被问到为什么学习、为什么读书、为什么上大学等问题时，他们便会给出一个共同的答案——以前念书就是为了考大学，考大学是为父母，为了将来找一个好工作，为了躲开穷乡僻壤，等等。这些学生由于没有确立起学习目标、人生理想，没有把自己的学习和社会的发展联系在一起，更没有和国家、民族的振兴联系在一起，所以缺少奋发向上、努力学习的原动力，对待学习基本上采取一种放任的态度。

（2）对所学专业缺少兴趣。这是造成学习动力缺乏的重要原因之一。在高考填报志愿时，由于学生和家长对专业缺乏了解，到校开始学习后才发现对本专业并不喜欢；另一种情况则是家长从当前社会就业"热点"出发为子女填报了所谓好找工作又挣钱多，或相比之下较轻松的专业，事实上学生本人对家长选定的专业并无兴趣；还有些学生则是受考试成绩的限制，只能服从分配，不具备选择专业的条件。心理学认为兴趣是力求认识、探究某种事物的心理倾向，是一个人对某事物所抱的积极态度。既然对所学专业没兴趣，必然就不会有学好它的积极态度。

2. 外部原因

外因是指来自社会、学校和家庭等方面的原因。改革开放以来，在市场经济大潮的冲击之下，知识贬值、脑体倒挂长期没得到根本解决。有的家庭急功近利，更多地考虑什么专业挣钱多、好找工作就让子女学什么专业，而不考虑他们对这些专业是否有兴趣，是否适合子女学习等，这些因素都对学生造成不良影响，甚至成为学生中途退学的隐性原因。

（三）克服学生学习动力缺乏的对策

1. 强化学习动机

学习动机是学生学习活动的主观意图，是推动学生进行学习的内在力量。苏联心理学家列昂捷夫说："学生学习的自觉性是和动机分不开的。事实上，有正确学习动机的学生才有主动性，学习劲头大，能克服困难，提高学习效果。"学习动机虽不是提高学习效果的唯一心理因素，但却是极其重要的因素。有的心理学家提出，学习动机正确与否，要以时代的道德标准来判断。一切从自私的、利己的目的出发的学习动机，是不正确的；一切从集体、社会、国家利益出发的学习动机，是正确的。在与社会需要相适应的动机的促使下，学生就会产生学习的自觉性，激发起强烈的求知欲、稳定的兴趣和高度的社会责任感，因而能专心致志，勤奋学习，刻苦钻研。相反，如果学习动机是出于想找一种轻松而工资又高的工作，那么他在顺利的情况下很可能会勤奋学习，但在逆境中就容易情绪低落、意志消沉、半途而废。动机不正确的学生，对待学习往往是偷工减料、投机取巧、弄虚作假、抄袭他人作业、考试作弊等。因此，学校有关部门和老师应启发学生对社会需要、社会期望的正确认识，并创造条件以利于学生自我定向、自我定位，这样才能激发学生正确的学习动机。

2. 培养学习兴趣

兴趣是指在积极探究某种事物或从事某种活动的过程中，伴随着一定的情感体验的心理倾向。兴趣是引起和维持注意的一个重要内部因素，是学习过程中一种积极的心理倾向。大学生要想在学习中发挥积极性和创造性，就要对自己所学的知识培养浓厚的兴趣，才会心向神往，保持积极的学习态度。学习兴趣是可以在学习过程中逐步培养的。学习是学生深入而创造性地领会和掌握科学技术，未来从事某项事业的必要条件，也是智能开发的主要前提。爱因斯坦曾经说过："我认为，对一切来说，只有兴趣和爱好是最好的老师，它远远超过责任感。"可以通过多种方式培养学习兴趣，如通过具体事例，从克服困难中唤起好奇心等，从而可以改变由于"没兴趣"而缺乏学习动力的状况。

3. 端正学习态度

学习态度是指学生对学习的较为持久的肯定或否定的内在反应倾向，通常可以从学生对待学习的注意状况、情绪倾向与意志状态等方面来加以判定和说明。如喜欢还是厌倦、积极还是消极等情绪情感。学习态度受学习动机的制约，是影响学习效果的一个重要因素。端正学习态度的根本是要有正确的学习目标。

4. 改善学习的外部条件

针对学生学习动力缺乏的外部原因，应通过多方面的努力改善外部环境和条件。如创造良好的学习气氛和环境，宣传、呼吁有关部门切实注意提高知识分子的社会地位和经济待遇，提高教学质量，注意更新知识，严肃学校纪律和奖惩条例等。

第二节　学习疲劳的调适

（一）学习疲劳的表现

学习疲劳是因长时间持续进行学习，在生理、心理方面产生的劳累，致使学习效率下降，甚至头晕目眩不能继续学习的状态。学习疲劳可分为生理疲劳和心理疲劳两种。生理疲劳主要是肌肉受力过久或持续重复伸缩造成肌肉痉挛、麻木、眼球发疼发胀、腰酸背痛、动作不准确、打瞌睡等。常见的是心理疲劳，这是由于长时间从事心智活动，大脑皮层兴奋区域的代谢逐步提高，消耗过程超过恢复过程，脑细胞会处于抑制状态而使大脑得不到休息所引起的。疲劳的症状是感觉器官活动机能降低，注意力涣散，思维迟钝，情绪躁动、忧郁、厌烦、易怒，学习效率下降。学习疲劳是一种保护性抑制，经过适当的休息即可得到恢复，这是合乎生理心理规律的。但是如果长期处于疲劳状态，使大脑有关部位

笔记区

持续保持兴奋,就会导致大脑兴奋和抑制过程的失调,严重的还会引起神经衰弱。

(二) 学习疲劳的防治

造成学习疲劳的主要原因是:学习时过分紧张,注意力高度集中;持久的积极思维和记忆;学习的内容单调乏味;缺乏学习的兴趣;在异常的气温、湿度、噪声和光线不足等环境下学习;睡眠不足等。要克服学习疲劳就应该科学用脑,劳逸结合。脑两半球具有不同功能,左半球与逻辑思维有关,主管智力活动中的计算、语言逻辑、分析、书写及其他类似活动;右半球则与形象思维有关,主管想象、色觉、音乐、韵律、幻想及类似的其他活动。如果长时间地运用一侧大脑半球,就容易产生疲劳。因此,应根据大脑两半球的不同分工而交替使用大脑,就可以延缓疲劳现象的发生。劳逸结合,保证睡眠。在紧张学习一段时间后,应适当休息。一天学习之后,应保证有进行文体活动的时间,只有这样,才可以使身心得到放松和调节,利于消除疲劳。保证充足的睡眠时间,可使头脑清醒,精神振奋,疲劳消解。把握自己的生物钟。人体的各种生理和心理功能随时间推移做规律性运动。根据研究,人在一天中,生物机能上午7—10时逐渐上升,10时左右精力充沛,处于最佳工作和学习状态,此后逐渐下降;下午5时再度上升,到晚上9时又达到高峰,11时后又急剧下降。然而,人群中最佳学习时间的分配又存在着差异,有的人上午无精打采,晚上精力十足;有的人白天精神好,晚上效果差。大学生应摸清自己的生物节律,把握"黄金时间",安排难度大的学习内容,避免过度疲劳。总之,当出现学习疲劳时,应引起重视,及时地采取相应的措施,一般可以得到矫治。

第三节 学习焦虑的调适

(一) 学习焦虑及其产生原因

学习焦虑是指学生由于不能达到预期目标或不能克服障碍的威胁,致使自尊心、自信心受挫,或失败感、内疚感增加而形成的一种紧张不安、带有恐惧的情绪状态。有些学生在家长、亲友、老师等各方面因素的影响下,为自己确定了过高的学习目标或抱负,虽竭尽努力仍和目标相差甚远,造成心理压力很大,这时就会出现严重学习焦虑。现代心理学把焦虑分为三种情况:低、中、高焦虑,并且认为适当水平的焦虑,可以增强学习效果,但是若焦虑过度会对学习起不良作用。美国心理学家考克斯的焦虑实验表明,中等焦虑组的学生成绩显著地高于低焦虑组和高焦虑组,高焦虑组最差。研究还证明,高焦虑只有同高能力相结合才能促进学习;高焦虑若与一般能力或低能力相结合则会抑制学习,把焦虑控制在中等程度才有利于一般能力和水平者的学习。所以学生要注意把握好这个"度"。

(二)学习焦虑心理调适

出现严重学习焦虑怎么办呢？首先，要充分发挥自我调节的能力，控制焦虑的程度。其次，要努力创造一个班级、宿舍同学间关系和谐的集体和轻松愉快的学习气氛。师生之间情感的交流，同学之间互助友爱的关系，都有助于学生心理趋于平衡，形成正常焦虑。再次，激发和保护学生的好奇心是培养正常焦虑的良策。精神病学家布盖尔斯基认为，创造恰当的焦虑水平的方法就是要引起学生的好奇心，因为好奇心就是焦虑的一种隐蔽形式。有了好奇心，相应地会出现一定的紧张，这种紧张饱含着愉快色彩，活动效率因此而大大提高。最后，学生要调整自己的心理和学习习惯，克服学习焦虑：正确认识和评价自己的能力，确立切合自身实际的学习目标；增强自信和毅力，不怕困难和失败；保持适度的自尊心，降低对胜败的敏感度；保持情绪的稳定；摸索总结一套适合自己的学习方法；等等。

(三)养成终身学习的习惯

养成终身学习的习惯，要让学习动机与学习成就循环作用，相互回馈。终身学习的习惯，首先源自一种理念，以后在每一个阶段学习有成，更会加强这种理念，促成更多的学习成就。当它成为一种坚定不移的行为形态时，就是个人快乐的时候，也是社会进步的契机。

我国社会即将成为学习型社会。在形成学习型社会的阶段，政府有责任推动终身教育体系，建立回流教育制度，满足众多社会成员的第二次教育需求。社会成员也有责任养成终身学习的习惯，让自己成为更睿智、更有人品的社会成员。政府与人民在这方面共同努力，会让我们的社会在富裕、开放以后，获得稳定成长与迈开大步的精神动力。

(资料来源：柳国强. 大学生常见的学习心理问题及调适 [J]. 邢台职业技术学院学报，2009.12)

二 扩展阅读

活到老学到老

【篇1】

这是一句俗语，其字面好处和实际好处相同。

意思就是"年轻时，学是为了理想，为了安定；中年时，学是为了补充空洞的心灵；老年时，学则是一种意境，慢慢品味，自乐其中。"

不能学习新东西，始终是愚昧和衰老的标志。

典故："活到老学到老"一语，出自古代雅典著名政治家梭伦之口，直译为"我愈老愈学到了很多的东西"。梭伦早年就赢得"雅典第一诗人"的桂冠；在实行摧毁氏族制度的"梭伦改革"前后，四处游历考察；晚年退隐在家，从事研究和著述，经常吟咏"活到老学到老"以自勉。著名传记作家普鲁塔克在《梭伦生平》中引用了这句名言。18世纪

笔记区

笔记区

法国启蒙家卢梭在晚年的著作《一个孤独散步者的遐想》中又加以引用和发挥，从此，梭伦的这一名言得以流传至今。

根据哲学的基本原理，我们存在的这个世界是客观的，所有意识之外的东西都是客观的，客观事物先于人的意识而存在。意识是客观事物在人脑中的反映。当然，事物是客观的，并不代表人们在客观事物面前就无能为力，只能处于被动地位。意识对客观事物具有能动作用，也就是说，正确的意识指导我们进行实践，从而改变事物的状态，为我们自身服务。

也就是说，正确的实践要有正确的意识为蓝图。那么我们应怎样正确地反映客观事物呢？答案就是学习，通过学习，我们能够获得知识，从而拥有某一方面的技能，进而为社会做出贡献，为自身创造条件。

我们人类在漫长的发展过程中积累了超多的精神财富，即使精通某一方面，也需要长时间的学习，所以，活到老学到老。

从自身来讲，学习也是对精神的充实，在学的过程中，我们会思考，在思考的过程中，人性会得到升华。在我们短暂的一生中，需要凸显自己的价值。年轻时，学是为了理想，为了安定；中年时，学是为了补充，补充空洞的心灵；老年时，学则是一种意境，慢慢品味，自乐其中。

活到老学到老，平凡的一句话，是做人的大意境。

没有一本万利的知识。未来社会的竞争，必将逐渐从知识竞争转向学习潜力的竞争。

常言道："书山有路勤为径，学海无涯苦作舟。"无止境地学习，是每一个智者所必需的。人要想不断地进步，就得活到老学到老，在学习上不能有餍足之心。

因为人类几千年积累下来的知识文化，不能在短时间内学完。就算把一生几十年的时间都用来学习，也还是很有限的。正所谓：吾生也有涯，而知也无涯。尤其在当今这个时代，世界在飞速发展，知识更新的速度日益加快。据说现在一个人一年的信息接收量相当于17世纪英国一个农场主17年的阅读量的总和。人们应对千变万化的世界，就务必努力做到活到老学到老，要有终身学习的态度。何况现代社会的知识寿命大为缩短，知识淘汰的速度正在逐渐加快，过去所学习的知识，会很快过时。一个人如果不及时更新自己的知识，很快就会进入所谓的"知识半衰期"，很快就会被淘汰。据统计，当今世界九成以上的知识是近三十年产生的，知识半衰期只有五至七年。而且人的潜力就像蓄电池一样，会随着时间而逐渐流失。人们的知识需要不断"加油""充电"，不及时"充电"很快就会在现代社会中失去能量。

所以，在信息技术高度发达的知识经济时代，人类唯有把学校教育延长为终身的学习才能适应社会发展的要求。终身学习，讲的是人一生都要学习。从幼年、少年、青年、中年直至老年，学习将伴随人的整个生活历程并影响人一生的发展。简言之，就是活到老学到老。

"活到老学到老",这是毛泽东常说的一句话,也是他一生读书学习的真实写照。他常说:饭能够少吃,觉能够少睡,书不能够不读;读书治学,一是要珍惜时间,二是要勤奋刻苦,除此以外,没有什么窍门和捷径。因此,无论是在戎马倥偬的战争年代,还是中华人民共和国成立后的革命和建设时期,为了求知,为了解决中国革命和建设的实际问题,毛泽东孜孜不倦地从超多的书籍中汲取营养。他总是挤时间读书,有时白天实在忙他就减少夜晚的睡眠时间来读书。据他身边的工作人员回忆,毛泽东每一天的睡眠时间很少,有时读书就像工作一样,常常是通宵达旦。即使每次外出,毛泽东也总要带些书,或者向当地借些书来读。

知识就是力量,只要你坚持不懈地学习,你明白得越多,你就越有力量。这对你的成长和事业的发展是十分有价值的。人就是在不断的学习中发展和壮大起来的。在佛教里,盘达特是鸠摩罗什小乘佛教的老师,但是之后他又拜鸠摩罗什为大乘佛教的老师;大乘小乘互为师,成为中国佛教的美谈。不学习就没有进步,就难以取得辉煌的成绩。

师旷是我国古代著名的音乐家。一天,师旷正为晋平公演奏,忽然听到晋平公叹气说:"有很多东西我还不明白,可我此刻已 70 多岁,再想学也太迟了吧!"师旷笑着答道:"那您就赶紧点蜡烛啊。"晋平公有些不高兴:"你这话什么意思?求知与点蜡烛有什么关系?答非所问!你不是故意在戏弄我吧?"师旷赶紧解释:"我怎敢戏弄大王您啊!只是我听人说,年少时学习,就像走在朝阳下;壮年时学习,犹如在正午的阳光下行走;老年时学习,那便是在夜间点起蜡烛留意前行。烛光虽然微弱,比不上阳光,但总比摸黑强吧。"晋平公听了,点头称是。

人生感悟:知无涯,生有涯,活到老学到老。自出生之日起,学习就成为整个人类及其每一个个体的一项基本活动。从幼年、少年、青年、中年直至老年,学习将伴随人的整个生活历程并影响人一生的发展。古人说:"书山有路勤为径,学海无涯苦作舟。"没有止境地学习,是每一个向上者必要的。人要想不断地进步,就得活到老学到老。在学习上不能有餍足之心。之所以提出终身学习的观点,因为人类几千年积累下来的知识文化,岂是只用短短几十年的一生能学得完的呢?故先贤庄子曾说:"吾生也有涯而知也无涯。"何况现代社会的知识寿命大为缩短,个人用十几年所学习的知识,会很快过时。因此,人们的知识需要不断"加油""充电"。当今时代,世界在飞速发展,知识更新的速度日益加快,人们要适应变化的世界,就务必努力做到活到老学到老,要有终身学习的态度。以老人为例,也得学会如何使用洗衣机、微波炉甚至是电脑,不然享受不了科技带来的乐趣与便捷。终身学习这方面,鲁迅先生是榜样,先生在临死前一个小时还在写文章呢!还有华人首富李嘉诚,他每天晚上看书学习,这个好习惯已坚持了几十年。更有甚者认为,只是活到老学到老还远远不够,比尔·盖茨就讲过一句话:在 21 世纪,人们比的不是学习,而是学习的速度。在现今的企业环境里,没有打不破

笔记区

的铁饭碗。你的工作在这天可能不可或缺,但是这并不意味着明天这个职位仍然存在的必要,所以我们务必用不断学习来防患于未然。世间有"知足者常乐"一说。而且,大多数人都承认,知足常乐是一种美德。的确,这是一种美德。但是,一切事物都有其存在的环境,知足常乐的道理也是如此。在物质生活上,知足者常乐。如果不知足,就永远不会有幸福。而在事业上,在学习上,总是知足就会裹足不前。所以,在学习上,要明白精进才行。未来社会的竞争,必将会从今天的人才竞争转向学习潜力的竞争。我们每个人,就都应树立终身学习的全新理念,并做到在学习中工作,在工作中学习。真正实现自我完善、自我超越。

【篇2】

多萝茜·比林顿曾说过这样一句话,我们今天所明白的东西,到明天就会过时,如果我们停止学习,就会停滞不前。

21 世纪是一个开放、沟通、合作的时代,同时也是一个竞争、危机、多变和信息爆炸的时代。我们要想在这个时代生存下来并力求大的发展,就务必要求自己主动去学习,养成终身学习的习惯,做到古人说的那样活到老学到老。

当今各行各业想要成功的人士或已经成功的人士,他们总是不停地学习,获取新知识,了解新资讯,把握新趋势,放长眼光,因此他们成功的机会才会比一般人多了许多。

正如孙正义一样,他是韩国人,在日本出生,在美国留学长大,他在学习生涯中十分用功,因此他精通韩文、日文和英文。在 25 岁的时候,他患了肝病,在医院整整待了 2 年,在这期间,他学习了 4 000 本书籍,平均下来一年学习了 2 000 本,平均每一天 5 本。当孙正义学习完这 4 000 本书后,他写了 40 个行业的计划书,他发现要成为世界首富,就得从事电脑行业。

之后,他的公司开始创立了,员工仅仅有两人。有一天,他突然站在公司装苹果的纸箱上,对他的两个员工讲:我叫孙正义,在 25 年后,我将成为世界首富,我公司的营业额将超过一百兆日元!那两个员工一听,立即辞职不干了,他们认为老板疯了——这个年轻人夸下了海口。

孙正义之后虽没有成为世界首富,但是他却成了让人们十分羡慕的亚洲首富,获得了许多人梦寐以求也求不到的地位和荣誉。

在我们的生活中,像孙正义这样的一群人正是因为不断学习、经常给自己充电,才能不断地放电,成功的机会才会不断。

然而,许多未能取得成功的人往往错误地认为,离开了学校后,对知识的学习停止了。其实,学校教育只是为未来获得更有用的知识打下了基础,做了铺垫而已。

亨利·福特以前说过这样一句话:"任何停止学习的人,都已经进入老年,无论其是 20 岁还是 80 岁,坚持学习的人则永葆青春。"

据美国人力资源协会统计:一个人工作后,如果每一天对他自己的工作花一个小时的时间学习，这样连续学习三年，这个人就会成为这个行业的专家；如果连续学习五年，他将成为这个行业国家级的专家；如果连续学习八年，他将成为这个行业世界级的专家。

我们任何一个人都无法吸收某一领域的全部信息，因此，我们务必把握学习的机会，花时间去充电，才能放电。

活到老学到老，只要不断学习，机会就会不断！

【篇3】

我也记不清具体是哪一年起开始学习用电脑的，在这之前，我们备课都是用手写。当时每个办公室只有一台电脑。有的同事很快就学会了操作，用电脑备课、听歌等，而我，对电脑毫无兴趣，从来不去触摸一下。

一日，一位同事比我稍小几岁，对我说："你也来学习电脑吧，用电脑备课又快又好，打印出来十分漂亮。"当时我一愣，回答说："我这样貌，笨死了，还能学习电脑，肯定学不会。"我认为电脑必然很难学，与自己无缘。但同事一次次鼓励我，一点点对我进行指导，让我从最简单的学起，虽然学不会五笔，但会拼音，打起字来也感觉不是很难，并帮我申请了一个QQ号。就这样，我开始学习用电脑备课，以前在日记本上记日记，之后就不用手写了，有什么感受、体会、难忘的事情都直接写进QQ空间里。我喜欢听歌，闲下来，将喜欢的音乐一打开，顿时疲劳没有了，烦恼没有了，情绪开朗多了，沉浸在音乐完美的旋律之中。此后我还学会了制表，下载图片，打印自己需要的东西，掌握了一些电脑常用的知识。

一开始，出于新鲜，也出于好奇，加了一些陌生的好友，也和他们闲聊，之后日子长了，发现虚幻的东西太多，也没那么多时间和精力应付，渐渐地我就基本不再聊QQ了，但和亲朋好友聊一些工作上、家庭里的事情还是十分方便。此刻办公室每人一台电脑，建一个QQ群，有什么通知或重要事情，在群里通报一声，不用跑腿，不用高音喇叭呼叫，人人都能够收到信息，享受着高科技带来的便捷与优越，享受着做一个现代人的乐趣。

去年上面要进行现代信息技术检查，我又在同事的指导下，开通了博客，这也是我以前想都不敢想的。有了博客，我像找到了心灵的归宿，我的视野更加开阔了，知识更加丰富了，生活更加充实了，感觉博客比QQ空间档次更高。我在博客里学习着博友们的精彩博文，欣赏着博友们的精美作品。自己也慢慢尝试着记录平淡生活中的平凡事，书写自己亲身经历的一个个情绪故事，就这样，我徜徉于博海，学会写简单的文章，学会电脑的基本知识，操作技术也有了明显提高。

此刻在妹妹的鼓励下，我正在尝试用Flash动画制作美化博客。知识在于积累，学习不分年龄，活到老学到老，是人生的一大境界！

鸟欲高飞先振翅，人求上进先读书。当前社会变化日新月异，如果

笔记区

笔记区

凭自己仅有的一点点知识，是跟不上时代的，也会被社会所淘汰，学无止境，每个人都要有终身学习的思想，不断给自己"加油""充电"，才能跟上时代的步伐，与时俱进，不断进取，不断提高。

当然我们讲的学习，并不是光讲学习书本上的文化知识，还有社会常识、生活经验、工作经验等。例如学习电脑知识，学习写作，学习作画，学习做菜，学习种田，学习做工，如此等等，根据自己的年龄和需要，选取不同的学习资料，根据不同的资料，采用不同的方法，学习是每个人终身不能停歇的重要工作。

如今有很多老年人，参加老年大学，学画画，学书法，学唱歌，学跳舞，学英语，学太极拳等，生活得有滋有味。最近我在浏览博客时，发现还有一位87岁的老人，也在写博客，展示的都是书画作品，他在回复博友评论中说道："我要一向这样坚持下去，到我真的不能动笔了为止。"我由衷地感到敬佩！

但对于中老年人来说，学习要放低标准，放慢速度，根据自己的身体状况和理解潜力，能学多少算多少，不要强求自己，不超过极限，知识在于积累，学习在于勤奋，正如《劝学》里说的那样："不积跬步，无以至千里；不积小流，无以成江海。骐骥一跃，不能十步；驽马十驾，功在不舍。锲而舍之，朽木不折；锲而不舍，金石可镂。蚓无爪牙之利，筋骨之强，上食埃土，下饮黄泉，用心一也。"只要你坚持不懈，一分努力，一分收获，你就能成为一个聪明且具有智慧的人。愿不同年龄的人，在学习中理解知识，感受快乐，享受幸福，活出自己的精彩！

【篇4】

学习，是个老生常谈的话题，也是个常讲常新的话题。谈到学习，每个人都有自己的体会。古今中外，许多大家名人针对学习这个问题也发表了许多至理名言。这些至理名言告诉我们，学习对于一个人成长、一个团体、一个社会乃至一个民族和国家发展进步至关重要。从个体的角度来看，我最欣赏的还是自儿时起就听到的"活到老学到老"这句话。

时代在发展，社会在进步。这天，"活到老学到老"这句经典名言，对于我们仍然具有现实的意义，给予我们丰富的启迪。借此机会，谈谈自己的一些认识和体会。

学习是一节永无止境的课。儿时，父母和老师等经常教导我们，你们此刻的主要任务就是学习。听了这句话后，作为孩童的我们，常常在想，等到我长大了的一天，就能够不用学习了，也不需要听老师的课了。想到这儿，心中不免产生一种惬意之感。等到读完了大学，进入了社会，经历了风雨，才明白一个人要想立足社会，取得人生道路上的一个个所谓的成功和进步，时刻都不能离开学习。此刻，虽然可能没有老师给我们上课了，但社会的要求、工作的需要无时不在提醒和督促我们不能放松学习，唯有如此，才能立足社会。从这个意义上说，学习是人生的必修课，而且是一节永无止境的课。

　　学习是一堂与时俱进的课。少年时期的我们，耳边天天回荡的是"此刻你们好好学习，将来考上一所好的大学，经过四年的学习学有所成，到那时就能够找到一份好工作……"这些父母和老师对我们的谆谆教导，让我们以为大学毕业了，再也不要上那一堂堂昏昏欲睡的课，再也不用读书学习了。但是踏入社会，才发现社会是一所更大的大学，要在这个社会立足，不断取得进步，学校教给我们的知识真是太少了，远远不够用。除了要不断学习适应工作需要的新知识以外，应对的更多的是大学里学之甚少此刻而又务必补上的人生课、生活课、家庭课。这也使得我们深深体会到学习不仅仅是只有书本知识的积累这一种形式，还有社会生活的历练等多种形式。这让我们对学习内涵的理解更为丰富了。人的一生从幼童时期开始到终将老去的一天为止，我们每一天面临的状况和问题都不同，怎样去解决人生道路上的一个个问题，完成一项项任务靠别人的帮忙能够吗？正确的答案是唯有靠自己的学习，找到一把把解决问题的钥匙去打开问题之门，才能获得满意的答案。也就是说，人生的不同阶段，解决的问题和学习的任务各有不同，但有一把总钥匙，那就是学习。从这个意义上来说，学习是一门与时俱进的课。

　　学习是一门修炼自我的课。就现实来说，在人生的不同时期，学习的目的不尽相同。在学生阶段，小学、初中阶段是为了考上一所好的高中，高中阶段是为了考上一所好的大学，大学阶段是为了找到一份好的工作。工作以后，学习是为了提升自己，获得更多更大的发展。这告诉我们，学习是一个人乃至一个国家、一个社会生存与发展的一种方式和形式。但是，进一步说，学习仅仅是为了获取更好的职位与更多的财富以及权力与威望吗？不可否认，学习会给我们带来这些，但是学习的另一功能在于学习能够净化自我、提升自我。为什么会有那么多腐败分子的产生？没有案发之前，你能认为他们不优秀吗？他们靠什么变得那么优秀？我想会学习、能学习、善学习是其中的一个重要因素。但是，他们为什么又会产生所谓的蜕变、晚节不保，变为党和国家的罪人？根源还是在学习。如前所述，他们只学到了如何获取更多的权力与威望以及获取更多的财富，但把学习同时是对自我的修炼给丢了。从这个意义上说，学习是人生的一项修炼，学习的初始目的是在探索未知的世界和事物中成就自我，但其最终目的是在成就自我的同时实现自我、认识自我，所以说学习是一门修炼自我的课。

（资料来源：http://www.niuchui.com/yuedu/ganwu/3580.html）

三、观赏影片

风雨哈佛路

　　《风雨哈佛路》（Homeless to Harvard: The Liz Murray Story）是美国一部催人警醒的励志电影。影片由 Peter Levi 执导，索拉·伯奇（Thora

笔记区

笔记区

Birch）、迈克·里雷（Michael Riley）等主演。影片介绍了一位生长在纽约的女孩莉斯（Liz）经历人生的艰辛和辛酸，凭借自己的努力，最终走进了最高学府的经历。影片于 2003 年 4 月 7 日在美国上映。

剧情简介

丽斯（Liz）出生在美国的贫民窟里，从小就开始承受着家庭的千疮百孔，母亲酗酒吸毒，并且患有精神分裂症。在 15 岁时母亲死于艾滋病。父亲进入收容所。贫穷的丽斯需要出去乞讨，和一些朋友流浪在城市的角落，生活的苦难似乎无穷无尽。随着慢慢成长，丽斯知道，只有读书成才方能改变自身命运，走出泥潭般的现况。她用最真诚的态度感动了高中的校长，争取到了读书的机会。然后，丽斯在漫漫的求学路上开始了征程。她一边打工一边上学，用两年时间学完了高中四年的课程。她尝试申请各类奖学金，只有《纽约时报》的全额奖学金才能让她念完大学，于是她努力并申请到了这份奖学金。影片的最后，她迈着自信的脚步走进了哈佛的学堂。贫困并没有挡住丽斯前进的决心，在她的人生里面，勇往直前的奋斗是永恒的主题。

四、练习与思考

1. 当学习感到焦虑时该如何自我调适？
2. 你在学习中遇到了哪些心理问题？是如何解决的？

参 考 文 献

[1] 中国就业培训技术指导中心,中国心理卫生协会. 心理咨询师[M]. 北京:民族出版社,2005.

[2] 薛静华. 当代大学生诚信心理与主观幸福感的关系研究[J]. 石家庄学院学报,2011,13(6).

[3] 桂亚莉. 大学生诚信心理初步研究[D],重庆:西南师范大学,2004.

[4] 李东阳. 国内大学生诚信教育问题与对策研究[D],郑州:河南工业大学,2012.

[5] 郭志峰. 关于诚信的心理学分析[J]. 阴山学刊,2007(06).

[6] 付伟. 团队能力建设培训全案[M]. 北京:人民邮电出版社,2011.

[7] 司家栋,等. 班级团体心理辅导课程操作实务[M]. 北京:蓝天出版社,2012.

[8] 刘海英. 人有千面 情分几种?[N]. 科技日报,2014-02-10.

[9] 刘欣. 沟通分析理论在大学生心理健康教育中应用的研究[J]. 教育探索,2007(2).

[10] 约瑟夫·纽顿. 靠自己去成功[M]. 陈家录,译. 北京:新世界出版社,2013.

[11] 尼尔·戈尔曼. 情商:为什么情商比智商更重要[M]. 北京:中信出版社,2010.

[12] 宛长. 发掘成功的潜能[M]. 北京:中国致公出版社,2004.

[13] 朱小蔓. 生命德育论[M]. 北京:人民教育出版社,2005.

[14] 朱彤. 日常生活中的心理学[M]. 北京:金城出版社,2007.

[15] 俞暄一,李荣斌. 心理学与个人成长[M]. 北京:科学出版社,2008.

[16] 泰勒·佩普劳·希尔斯. 社会心理学(第十版)[M]. 谢晓非,等,译. 北京:北京大学出版社,2004.

[17] 陈军,徐传庚. 心理学基础[M]. 西安:第四军医大学出版社,2007.

[18] 王金道. 大学心理学[M]. 北京:中国人民大学出版社,2010.

[19] 肖旭. 社会心理学[M]. 成都:电子科技大学出版社,2008.

[20] 郭强. 创新能力培训全案[M]. 北京:人民邮电出版社,2011.

[21] 理查德·福布斯. 创新者的工具箱[M]. 北京:新华出版社,2004.

[22] 姚本先. 大学生心理健康教育[M]. 合肥:北京师范大学出版集团,安徽大学出版社,2012.

[23] 张建龙. 如何培养当代大学生创新思维能力[J]. 企业导报,2011(6).

[24] 罗晓路,林崇德. 大学生心理健康、创造性人格与创造力关系的模型建构[J]. 心理科学,2006(5).

［25］毕淑敏. 心灵 7 游戏［M］. 北京：十月文艺出版社，2004.

［26］罗伯特·安东尼. 自信的秘密［M］. 天津：天津教育出版社，2009.

［27］陶思璇. 欣赏的神奇力量［M］. 西安：陕西师范大学出版社，2009.

［28］冯建军. 生命教育教师手册［M］. 太原：山西教育出版社，2018.

［29］刘丹. 大学新生常见的适应问题及解决对策［J］. 边疆经济与文化，2010（4）.

［30］普希金. 普希金诗集［M］. 北京：中国社会科学出版社，2007.

［31］人民日报评论员. 壮哉，女排精神！［N］. 人民日报，2016 – 08 – 22（1）.

［32］柳国强. 大学生常见的学习心理问题及调适［J］. 邢台职业技术学院学报，2009（12）.